L'AMÉRIQUE DE BARACK OBAMA

François Durpaire
Olivier Richomme

L'AMÉRIQUE
DE BARACK OBAMA

Nouvelle édition enrichie et mise à jour

Crédits photographiques

Couverture : avec la gracieuse autorisation du Sénat des États-Unis d'Amérique

Cahier central :
1. © Charlie Neibergall / AP / SIPA
2. Avec la gracieuse autorisation de l'Académie Punahou
3. © John Gress / Reuters
4. © Stephen Morrison / EPA / SIPA
5. © Sayyid Azim / AP / SIPA
6. © Gary Knight / VII
7. © Erich Schlegel / Corbis
8. © Jason Reed / Reuters
9. © Dennis Brack / EPA / SIPA
10. © Evan Vucci / AP / SIPA
11. © Bob Daemmrich / Corbis
12. © DG Michal Czerwonka Epa / Corbis
13. © Associated Press / SIPA
14. © Michael Macor / Corbis
15. © Brooks Kraft / Corbis
16. © Brooks Kraft / Corbis
17. © AFP
18. Avec la gracieuse autorisation du Comité français de soutien à Barack Obama

Pour la première édition :
© Éditions Demopolis, 2007

Pour cette nouvelle édition :
© Éditions Demopolis, 2008
24, rue du Champ-de-l'Alouette
75013 Paris

ISBN : 978-2-35457-015-6

*Ce qu'on ne saurait comprendre sans en avoir déjà été le témoin,
c'est l'activité politique qui règne aux États-Unis.
À peine êtes-vous descendu sur le sol de l'Amérique
que vous vous trouvez au milieu d'une sorte de tumulte.*

Alexis de Tocqueville, *De la démocratie en Amérique.*

Introduction

Lorsque Obama est né, le 4 août 1961, la plupart des Noirs ne votaient pas. Dans les États du Sud, l'inscription sur les listes électorales était subordonnée à la réussite d'un test scolaire – *literacy test* – qui servait de prétexte pour écarter la population noire. Trente ans plus tard, la plupart des grandes villes américaines ont eu des maires noirs. Aujourd'hui, par exemple, Adrian Fenty est maire de Washington, Michael Nutter maire de Philadelphie. En 1997, un sondage Gallup révélait que pratiquement aucun Blanc ne voyait d'inconvénient à voter pour un candidat noir pour la présidence. En 1958, ils n'étaient que 35 % à accepter de faire de même. La fulgurante ascension de Barack Obama, son élection en tant que sénateur de l'Illinois et sa désignation comme candidat par le parti démocrate après une lutte sans concession avec Hillary Clinton montre le chemin parcouru par les États-Unis.

Le favori des médias

Face à la possibilité de ce premier « président noir », les médias mettaient en exergue l'autre terme – tout aussi attractif – de l'alternative : Hillary Clinton aurait été la première femme investie comme candidate à la Maison-Blanche par l'un des deux grands partis… La fiction avait anticipé sur la réalité. La série *Commander in Chief* et la septième saison de la célèbre série *24-Twenty-Four* mettent en scène une femme présidente. Cette série avait déjà innové en intégrant un président noir, comme l'avait fait précédemment le film *Deep Impact* (1998). Le fait que le chef de file du parti démocrate de la Chambre des représentants soit une femme – Nancy Pelosi – donnait du crédit à cette candidature féminine. Le *gender gap* – les femmes votent traditionnellement plus que les hommes – pouvait faire pencher la balance. D'autres au contraire rappelaient la prégnance des préjugés sexistes, qui fait que le candidat utilise des thèmes associés à la masculinité, afin de se conformer à l'image que l'électeur se fait du dirigeant. On se rappelle que George Bush avait séduit une partie de son électorat en s'affichant comme défenseur du base-ball. Lorsqu'il était jeune, il avait racheté l'équipe des Texas Rangers. En décembre 2006, alors que l'Amérique attend la décision d'Obama concernant son éventuelle candidature, une chaîne de sport promet une annonce de sa part : « Ce soir, j'ai décidé de faire taire les doutes, et je voudrais annoncer à Chicago et à l'Amérique que je suis prêt... à soutenir l'équipe des Bears ! » Et d'enfiler la casquette de cette équipe de football...

La presse présentait ce duel pour la Maison-Blanche comme une compétition sportive, évoquant « le match de l'année ». Comme le dit à juste titre André Kaspi, « une campagne électorale ressemble à une campagne militaire. Il s'agit de mobiliser l'électorat, d'élaborer une stratégie, de suivre une tactique, de définir des objectifs à atteindre et, bien entendu, de remporter la victoire[1]. » Cet affrontement a mis de côté le reste des candidats à l'investiture. D'une part, il y avait la favorite de l'appareil, de l'autre, le challenger en mesure d'attirer de nouveaux électeurs. L'avenir contre le passé, disaient les partisans d'Obama. L'expérience face à la naïveté, rétorquait le camp Clinton. Le célèbre éditorialiste « E.J. » Dionne Jr, du *Washington Post*, a alors regretté que la politique spectacle prenne le dessus sur les sujets de fond. La hiérarchisation de l'information privilégie le sensationnalisme, comme le précise avec ironie Roger Ailes, qui, après avoir été conseiller en communication de Ronald Reagan et de George H. W. Bush, est devenu président de Fox News : « Si vous avez deux types sur une scène et que l'un d'eux dit : "J'ai une solution au problème du Proche-Orient", et que l'autre tombe dans la fosse d'orchestre, qui des deux, selon vous, fera la une du journal télévisé ? » Comme l'écrit Marlène Coulomb-Gully, « la politique à la télévision, c'est d'abord de la télévision[2] ».

Ce phénomène est contemporain du premier duel télévisé qui oppose, en 1960, Richard Nixon et John Kennedy. Quatre débats sont organisés entre les deux candidats à la présidentielle. Rien n'est laissé au hasard par les conseillers de Nixon. De minuscules projecteurs éclairent directement les orbites du candidat républicain, afin qu'il ne paraisse pas trop fatigué. Aucune vue ne doit être prise de son profil gauche. Il se fait maquiller pour que son teint très pâle ne laisse pas apparaître sa forte pilosité. Malgré ces efforts, Nixon perd la bataille de l'image. Au moment où les débats commencent, le vice-président est considéré comme le vainqueur probable de l'élection. Après les débats, la donne est inversée. Selon l'institut Ropert, 57 % des téléspectateurs ont été influencés par ce qu'ils ont vu. 6 % ont pris alors leur décision, soit 4 millions d'électeurs, dont les trois quarts ont voté pour un Kennedy plus télégénique. Trois millions d'indécis convaincus par le candidat démocrate… Puisqu'il ne l'a emporté que par 112 000 voix d'écart, Kennedy a raison d'affirmer juste après sa victoire : « C'est la télévision plus que tout autre chose qui a renversé la vapeur[3]. » Ceux qui ont suivi le premier débat à la radio, et non à la télévision, ont eu la conviction que Nixon dominait son adversaire, maîtrisant mieux les dossiers. L'image se serait substituée à l'analyse intellectuelle.

En 2008, c'est Internet qui entre de plain-pied dans la campagne présidentielle américaine. Avec ce média, ce sont de nouveaux enjeux qui se posent aux candidats : comment renouveler la levée de fonds, via un réseau de petits donateurs ? Quelle place accorder à la démocratie participative que permet la multiplication des blogs et des forums ?

Un nouveau Kennedy ?

Jan Schakowsky, membre d'une délégation du Congrès de l'Illinois, raconte que lorsque le président Bush a vu pour la première fois le nom d'« Obama » sur un des badges préparés en vue de la visite à la Maison-Blanche des sénateurs de l'Illinois, il sursauta. « Je savais à quoi il avait pensé alors je l'ai rassuré sur le fait qu'il s'agissait d'Obama, avec un « b » » [et non d'Osama (Oussama)]... Elle explique au Président que Obama est un homme politique de Chicago en course pour le Sénat. « Je ne le connais pas », dit Bush. C'était en 2004. En seulement quatre ans, Obama est sorti de l'anonymat et s'est imposé comme l'un des candidats sérieux à la charge suprême. Un chiffre témoigne de la rapidité de son ascension : en décembre 2006, un tiers des personnes sondées déclaraient qu'elles n'avaient jamais entendu parler de lui...

Aujourd'hui, des fans l'assiègent pour un autographe ou une photo. Des parents donnent son nom à leur bébé. Désigné sous le terme d'« obamamania », ce traitement serait plus approprié pour une rock star, un sportif ou un acteur... L'intéressé en plaisante : « Je suis tellement surexposé que Paris Hilton, en comparaison, fait figure d'ermite. » Le gouverneur du New Hampshire justifie avec humour l'organisation d'un meeting consacré au sénateur : « On avait prévu d'inviter les Rolling Stones, mais on a annulé quand on a compris que Obama ferait davantage recette. » Barack Obama a même gagné un Grammy Awards pour la version audio de son autobiographie. Cet enthousiasme transcende les clivages partisans. Comme cette jeune républicaine, ils sont des milliers à pouvoir dire de lui : « Il est le seul démocrate pour qui je voterai. » Les stars du show-biz le plébiscitent : Ben Affleck, George Clooney, Tom Cruise, Matt Damon, Bono, Oprah Winfrey font partie des obamamaniaques. Avant lui, peu d'hommes politiques ont suscité un tel intérêt. Comme John Kennedy, qui à l'instar de Frank Sinatra, était suivi par des filles dans ses déplacements publics – les *bobby soxers* –, il doit son succès à son physique de jeune premier. Il joue sur cette ressemblance. Lorsque *Newsweek* se demande si son ascension à la présidence n'est pas prématurée, il précise qu'il a quasiment le même âge que Kennedy quand il a été élu président. Même énergie, même idéalisme. Dans ses discours,

Obama reprend en filigrane la thématique de la Nouvelle Frontière, chère à l'ancien président : « L'Amérique est prête à tourner la page. Une nouvelle génération est prête à diriger. » Theodore Sorensen, l'ancien conseiller de JFK, pousse même le parallèle plus loin dans les pages de *The New Republic* :

Tous deux ont fait leurs études à Harvard. Tous deux se sont fait connaître presque du jour au lendemain à l'échelle nationale après avoir brillé lors d'une convention démocrate retransmise à la télévision : Kennedy en 1956, avec son discours de nomination à l'investiture d'Adlai Stevenson, et Obama en 2004, avec sa brillante intervention à la convention, qui se tenait cette année-là à Boston. Tous deux ont également assis leur réputation nationale en écrivant un best-seller : *Profiles in Courage* [*Portraits d'hommes courageux*], publié en 1956 par JFK, et *The Audacity of Hope* [*L'Audace d'espérer*] pour Barack Obama, paru en 2006. Les deux hommes se sont tout de suite distingués par leur jeunesse, leur beauté et leur éloquence, nouveaux visages capables de séduire et d'enthousiasmer des foules toujours plus grandes et toujours plus jeunes d'Américains appartenant aux couches populaires, phénomène que les experts et cercles politiques de Washington ont d'abord eu tendance à négliger. Il est un autre point commun peut-être plus éloquent encore : les deux hommes prêchent (et incarnent) la politique de l'espoir contre celle de la peur, qui caractérise le discours républicain de leur temps. [...] L'espoir a vaincu la peur en 1960, et je suis absolument certain qu'il en sera de même en 2008[4].

Mais c'est au frère du président, Robert F. (« Bob ») Kennedy, qu'Obama est le plus souvent comparé. Ils sont tous les deux progressistes sur le plan politique, tous les deux sénateurs d'un important État du Nord, lorsqu'ils entrent en campagne. Obama prête serment quarante ans – jour pour jour – après son illustre prédécesseur et occupe le même bureau au Sénat. Même volonté aussi de mettre fin à une guerre – le Vietnam pour l'un, l'Irak pour l'autre – pour se consacrer à la lutte contre les injustices et la pauvreté.

L'homme qui va changer l'Amérique ?

Quel que soit le résultat de la prochaine élection, plusieurs raisons font qu'Obama est en mesure de peser durablement sur la vie politique de son pays. Il y a quelques années, une candidature comme la sienne n'aurait pas paru vraisemblable. À 47 ans, il ne siège au Sénat des États-Unis que depuis trois ans. Auparavant, il était un simple membre du sénat de l'État de l'Illinois. Le reproche concernant son immaturité apparaît donc naturel. Les présidentielles américaines exigent que l'on soit aguerri. Ces élections sont dures, cinquante fois plus qu'en France, si l'on considère que le système fédéral implique de se mettre en position de gagner dans les cinquante États. Pourtant, la faiblesse d'Obama est aussi son atout, et les raisons pour lesquelles il pourrait perdre expliquent également son succès. À l'heure où l'électorat souhaite une rupture, sa fraîcheur est un avantage. Obama incarne l'avènement d'une nouvelle génération politique qui rompt avec les baby-boomers et leurs divisions idéologiques issues de la Guerre froide. À ceux qui affirment qu'on ne saurait confier la gestion des intérêts américains à *Obambi*, selon l'expression cruelle de Maureen Dowd du *New York Times*, il répond avec ironie que l'ancien ministre de la Défense Donald Rumsfeld et le vice-président Dick Cheney, aujourd'hui totalement discrédités, étaient des hommes qui avaient accumulé « une expérience d'une durée affolante ».

Candidat de la rupture, il est aussi celui des réconciliations. Entre Noirs et Blancs. Métis, il prône une Amérique déracialisée. Entre villes et campagnes. Il est autant chez lui dans le Kansas, la terre de ses grands-parents maternels, que dans les quartiers noirs du South Side de Chicago où il s'est marié. Entre États bleus (progressistes) et États rouges (conservateurs). Se plaçant au-dessus des querelles partisanes, il prône un dialogue entre démocrates et républicains. Rupture et conciliation : le paradoxe n'est qu'apparent, quand les mandats de Bush ont été marqués par une accentuation des divisions au sein de la société américaine. Toute réussite politique tient à la rencontre entre un destin personnel et celui d'une nation. Sa quête identitaire, qui l'a conduit à surmonter ses déchirures internes, lui a donné la légitimité pour évoquer le besoin d'unité des Américains. L'éditorialiste conservateur David Brooks a dit de lui qu'il était « en permanence engagé dans une discussion interne entre les différentes pièces de son moi hybride ». Ses efforts pour se construire à partir d'héritages multiples lui permettent de mieux comprendre une nation où les identités sont de plus en plus complexes. Obama ne cesse de rappeler ce lien entre salut personnel et salut collectif.

L'abondance des articles élogieux sur le jeune sénateur Obama ne doit pas inciter à dresser de lui un portrait hagiographique. Les sceptiques font remarquer que son éducation élitiste, son ascendance biraciale – il n'est pas descendant d'esclave mais métis africain – peuvent constituer des handicaps au sein de la communauté noire. Pour d'autres, Barack Obama aurait plus de chance de devenir le premier président noir s'il était républicain. Ils savent qu'au sein de l'Amérique profonde, le nom même d'Obama le disqualifie de la compétition. Celui qui symbolise l'Amérique de demain saura-t-il se faire élire par l'Amérique d'aujourd'hui ? Sa victoire reste un rêve auquel on n'ose pas trop croire. Tous reconnaissent cependant que de l'ensemble des hommes politiques américains, il est celui qui emporte le plus l'enthousiasme.

Une vague d'enthousiasme

Dès mars 2007, l'Institut d'études politiques de Harvard révèle que Obama l'emporte sur tous les autres candidats possibles, dans la tranche d'âge 18-24 ans. Les jeunes pèsent de plus en plus sur les élections, apportant un démenti au mythe d'une « *Generation I* » (« Génération moi je ») exclusivement centrée sur la réussite individuelle. L'investissement dans des causes humanitaires bénévoles est en augmentation, tout comme le taux de participation aux élections. En 2004, 47 % des 18-24 ans ont voté, contre seulement 36 % en 2000. Cette augmentation de 11 points va au-delà de l'augmentation de la participation générale entre les deux élections (de 60 à 64 %). Le nombre de jeunes votants est passé de 8,5 millions à 11,6 millions. Les dernières primaires démocrates ont confirmé cette tendance. Des milliers d'étudiants, à travers tout le pays, ont consenti à des heures d'attente pour assurer le succès de leur candidat favori, en dépit d'un calendrier qui était parfois destiné à éviter une forte mobilisation de leur part.

L'engouement pour Obama touche également les Français. Les États-Unis, « mal connus, mal compris, mal aimés[5] », n'ont cessé de voir leur image se dégrader depuis la guerre en Irak. Ceux qui avaient assimilé l'Amérique à l'actuelle administration républicaine découvrent qu'il y a une autre Amérique. Hostile à la guerre en Irak, défendant une politique sociale ambitieuse, Obama serait celui qui incarne le mieux la rupture avec Bush et contribuerait à réconcilier l'opinion française avec l'Amérique.

Mais ce soutien est parfois fondé sur des motivations diverses. Certains vivent l'ascension d'Obama sur le mode du mythe compensateur, comme si le sort de l'élection américaine pouvait déterminer la résolution de problèmes franco-français. Certains politiques et militants associatifs, soutiennent Obama, en qui ils voient un symbole pour les minorités visibles. Il y a un paradoxe dans cette appropriation. Si le discours d'Obama constitue une rupture historique dans le contexte américain, n'est-ce pas parce qu'il met en avant le dépassement des clivages communautaires, plutôt que la réussite de telle ou telle « minorité » ? À moins de réduire le candidat à sa couleur de peau.

La première édition de cette biographie a rencontré un succès inattendu auprès du public et des médias. Les questions soulevées par les lecteurs au cours des débats qui ont suivi et de chats sur Internet, celles des journalistes lors des émissions de radio et de télévision, ont nourri cette nouvelle édition, complétée et mise à jour. Après la visite à Paris de Barack Obama le 25 juillet 2008, cette biographie offre tous les éléments pour connaître celui qui deviendra peut-être le 44e président de la première puissance mondiale.

1

Une jeunesse cosmopolite 1961-1981

L'autobiographie de Barack Obama, publiée en 1995, commence par un chapitre intitulé *« Origins »*, un terme qui peut se lire de différentes manières. En premier lieu, la complexité de son arbre généalogique fait de lui, au sens strict, un personnage « original ». Une originalité que certains voient comme un handicap dans la perspective d'une carrière politique, notamment auprès des électeurs conservateurs. Si John Kennedy avait eu des difficultés à se faire accepter du seul fait qu'il était un catholique dans une Amérique à majorité protestante, que dire alors d'Obama, dont le grand-père et le frère sont musulmans, le père d'origine kényane, la sœur et le beau-père indonésiens, etc.? Dans un pays qui range les citoyens, lors du recensement décennal, dans des catégories ethniques et raciales, Obama fait figure d'inclassable. En ce sens, il pourrait apparaître comme l'antithèse de l'Amérique, lui qui, étant métis, échappe aux définitions identitaires que lui propose le pays. Car aux États-Unis, la catégorie de métis n'existe pas. On pourrait souligner, à l'inverse, qu'Obama est « très américain » dans le sens où il symbolise l'avenir de cette nation plurielle, qui ne cesse de diversifier ses accents.

Le terme d'« origines » peut se lire d'une autre manière. Aspirer à devenir le chef de la première puissance mondiale ne peut être le fruit du hasard. S'intéresser à un tel personnage implique de s'interroger sur les motivations profondes de son action. Derrière ce sourire franc et cette douceur apparente, d'où lui viennent son ambition gigantesque et sa volonté de changer le cours des choses? Ne faut-il pas chercher les racines de cet engagement dans les absences, les vides et les déceptions de son enfance ? Un individu n'est pas seulement le produit de deux cellules. Il est conditionné par la manière dont ses parents l'ont pensé, désiré, imaginé. Certains psychanalystes ont déterminé que le manque du père avait été chez de nombreux dirigeants le moteur de leur engagement politique. Obama n'aurait-il eu de cesse de vouloir réaliser les rêves qu'il imaginait avoir été ceux de son père ? Le titre de son autobiographie – *Dreams from my Father* – évoquant ce père qu'il a à peine connu – le laisserait penser. Il a également choisi de mettre des photos de ses grands-parents en couverture de ce premier ouvrage, comme pour marquer qu'il s'inscrit dans une généalogie ; une généalogie de rêves, de projets, d'ambitions.

Barack Hussein Obama est né le 4 août 1961 à Honolulu, Hawaï. Ses parents sont de jeunes étudiants. Son père est d'origine luo, une ethnie du Kenya. Ann Dunham, sa mère, a des origines irlandaises, écossaises, cherokees. Elle est une lointaine descendante de Jefferson Davis, le président des États Confédérés d'Amérique pendant la guerre de Sécession. Ses parents se séparent alors qu'il n'a que 2 ans. Son père ne reverra qu'une seule fois son fils, à l'époque âgé de 10 ans, avant de mourir en 1982. Sa mère s'est entre-temps remariée avec un étudiant indonésien. La famille s'installe à Djakarta où naît Maya, la demi-sœur de Barack.

Un héritage multiple

Il est d'usage de commencer l'écriture d'une biographie par la naissance et la jeunesse, puis de dérouler chronologiquement la vie de l'individu que l'on cherche à comprendre. Dans le cas d'Obama, il est une autre raison qui justifie ce procédé. C'est l'importance que tiennent, dans les débats politiques autour du personnage, les questions liées à ses origines diverses, notamment ethniques et religieuses. Au moment où l'espoir du parti démocrate annonce la création d'un comité exploratoire, premier pas traditionnel dans la course à l'investiture, le site Internet du magazine conservateur *Insight* déclare qu'il avait poursuivi sa scolarité, enfant, dans une école islamique (madrasa) en Indonésie. Les blogs conservateurs et la chaîne Fox News s'empressent de reprendre l'histoire. Akmad Solichin, directeur-adjoint de l'école concernée, la SDN Menteng 1 de Djakarta, doit démentir l'information : « La plupart de nos étudiants sont musulmans, mais il y a aussi des chrétiens. Tout le monde est le bienvenu ici. C'est une école publique. » Et de rappeler que le jeune Barack avait auparavant étudié à l'école Saint-François-d'Assise, une école privée catholique. Obama répond avec ironie que le fait qu'il soit « allé dans une école publique en Indonésie, à l'âge de 7 et 8 ans, ne met pas en péril le peuple d'Amérique ». Ces allégations, bien que fausses, sont le signe que les chances de gagner l'élection présidentielle dépendent pour ce candidat, à un degré inhabituel, de son héritage familial.

Deux figures émergent tout naturellement de l'enfance du petit Barry. Bien que l'attention des médias se concentre sur la part africaine de son héritage – son père –, c'est bien sa mère qui est le personnage central. C'est elle qui l'a toujours soutenu, qui lui a inculqué ses valeurs, et qui n'a jamais cessé de le valoriser, l'encourageant à « ne jamais refuser un compliment » au moment où celui-ci doutait toujours de lui-même. Ann Dunham est originaire de Wichita, une petite ville du Kansas, mais ses parents avaient déménagé à Hawaï à la recherche d'une vie meilleure. Son père était directeur de magasin de meubles et vendeur d'assurances-vie. Un peu bohème, il écrivait de la poésie et écoutait du jazz. Il voulait un garçon, et quand sa fille était née, il lui avait donné un nom masculin – « Stanley » – en lui ajoutant tout de même « Ann ». Sa femme, Madelyn Dunham, employée toujours ponctuelle d'une banque locale, était plus pragmatique. Une femme de tête. David Mendell a pu s'entretenir avec elle pour écrire son ouvrage : *Obama: From Promise to Power*. Le journaliste du Chicago Tribune la qualifie d'« apolitique, bien que plus proche des républicains ».

Ann Dunham a des idées progressistes. Depuis l'âge de 16 ans, elle lit tous les philosophes. À 18 ans, elle rencontre un étudiant kényan de 23 ans, Barack Obama. Ils se marient rapidement et ont un fils, Barack Jr. Après leur divorce, elle se marie une seconde fois avec Lolo Soetoro, un étudiant indonésien qu'elle suit dans son pays d'origine quand le nouveau dictateur Suharto appelle ses concitoyens à revenir chez eux. Julia Suryakusuma, une écrivaine indonésienne féministe connue pour son opposition aux islamistes, était son amie proche lorsqu'elle vivait en Indonésie. Dans un entretien au *Sunday Times*, elle la décrit comme « une progressiste humaniste, qui avait appris à parler indonésien » : « Un esprit libre. Une pionnière lorsqu'elle est arrivée en Indonésie. Elle aimait les gens différents. » Lolo aurait changé à son retour en Indonésie – « Les hommes sont d'une certaine façon lorsqu'ils sont en Occident et quand ils retournent chez eux, ils sont absorbés par leur propre culture » – et ils se seraient finalement séparés. Suryakusuma se souvient que Ann Dunham appelait son fils Barry, avec une inflexion indonésienne. « Nous étions toutes deux mères et nous parlions des difficultés pour une mère à se séparer de son enfant et à l'envoyer loin, mais elle se souciait énormément des études de Barry. […] Avoir une mère blanche, un père noir et aller en Indonésie : je comprends qu'Obama puisse avoir la même ouverture aux autres qu'avait sa mère. »

Obama écrira qu'il a grandi avec le « mythe » de son père, « à la fois plus et moins qu'un homme », une figure qu'il connaissait seulement à travers les histoires que lui racontaient sa mère et ses grands-parents maternels. Dans leurs récits, Barack Senior était grand, beau et sage. Il parlait d'une voix de baryton avec un accent britannique. Excellent danseur, très élégant, il émanait de lui une forte personnalité. Dominateur, intransigeant quelquefois, selon sa mère. En 1959, âgé de 23 ans, il est devenu le premier étudiant africain à l'université d'Hawaï. C'est là-bas, dans une classe de russe, qu'il fait la rencontre de Stanley Ann Dunham. Dans son autobiographie, Barack

Obama Jr. présente une version romancée de la rencontre entre ses parents, une histoire d'amour et d'entente parfaite qui lui a été maintes et maintes fois racontée par sa mère lorsqu'il était enfant. Ses grands-parents auraient accepté ce mariage mixte avec un sentiment d'évidence, voire de fierté, dans une Amérique pourtant déchirée par la ségrégation raciale. Aux antipodes de cette version officielle, David Mendell révèle que la mère de Barack Obama lui a annoncé lorsqu'il avait une vingtaine d'années que ses parents étaient « livides » lorsqu'ils ont appris le mariage. Madelyn Dunham, la mère de Ann, était particulièrement sceptique[1]. Brillant, Barack Obama Sr. obtient son diplôme en économie en seulement trois ans, quittant l'université en 1962, un an après la naissance de son fils. Alors qu'on lui propose une bourse pour la *New School* de New York, ce qui lui aurait permis d'emmener sa femme et son fils, Obama Sr. choisit de partir à Harvard. Le prestige de cette institution, pense-t-il, donnera plus de poids à son *curriculum vitae* à son retour au Kenya, où un poste l'attend au gouvernement. Il se rend seul à Boston : lui et Ann se sont mis d'accord sur le fait qu'elle et le bébé le rejoindraient à la fin de ses études et qu'ils retourneraient ensemble au Kenya. Le temps et la distance ont raison de leur relation. À Barry qui grandit, on dit qu'après avoir obtenu son diplôme à Harvard, son père est retourné seul au Kenya, où il était devenu économiste et une figure importante dans l'administration de la nouvelle nation. Il s'était remarié et avait eu cinq enfants. Ces enfants – quatre garçons et une fille – étaient ses demi-frères et sœur, sa famille africaine.

Les paysages de son enfance : Djakarta...

De 1967 à 1971, Barry vit avec sa famille à Djakarta. Son beau-père, dont l'islam est teinté d'animisme et d'hindouisme, lui explique qu'un homme prend son pouvoir de ce qu'il mange. Si ce précepte est vrai, l'alimentation du petit Obama reflète la diversité de son identité. Avec Lolo, il apprend à manger des petits piments verts. Il dit se rappeler, encore aujourd'hui, la consistance de la viande de chien («très dure»), de serpent («encore plus dure»), de sauterelles grillées («croustillantes»). Il se rappelle la promesse de Lolo de lui rapporter un tigre pour le dîner. Peu de *fast-food* dans l'enfance de Barry, mais une éducation culinaire qui l'enracine dans des cultures fortes. À Hawaï, il mangera le *poke*, sorte de sashimi local, le porc *kalua*, enveloppé dans des feuilles de bananier, le *Lau Lau*, mélange de viande et de légumes cuit à la vapeur, le *Poi*, racine de taro que l'on réduit en bouillie à l'aide d'un mortier. Seules les personnes qui en consomment depuis leur tendre enfance sont – paraît-il – capables d'en manger. Obama se souvient également des paysages indonésiens : les nuits sous la moustiquaire, les rues de Djakarta, encombrées de vélos, de pousse-pousse que les Indonésiens nomment *becak*, la maison inondée pendant la saison des pluies. Les conditions de vie de la famille ne sont pas faciles. Dès l'enfance, Obama perçoit l'intensité des inégalités entre riches et pauvres. Ann et Lolo n'ont pas l'argent nécessaire pour envoyer Barry à l'International School, où les autres enfants étrangers de Djakarta sont scolarisés. Alors, cinq fois par semaine, sa mère vient dans sa chambre à 4 heures du matin pour lui donner trois heures de cours avant qu'il ne parte à l'école et qu'elle aille travailler : « J'étais réticent face à ce régime, mais en guise de réponse à mes prétextes plus ou moins valables – j'avais «mal au ventre», mes yeux se fermaient «toutes les cinq minutes» –, elle me répondait que, pour elle non plus, ce n'était pas une partie de plaisir. »

Face au sentiment d'inconnu que suscite chez lui ce nouveau pays, c'est vers Lolo qu'il se tourne. Ce dernier le présente à sa famille et à ses amis comme étant son fils, mais, avec lui, il ne prétend jamais que la relation est plus que ce qu'elle est. Barack dira plus tard avoir apprécié cette forme de distance, qui impliquait une confiance d'homme : « Il ne me montrait pas seulement comment changer un pneu, mais m'apprenait à gérer mes émotions, et aussi à me défendre. » Un jour que Barry arrive à la maison avec une bosse à la tête, Lolo lui demande ce qui s'est passé. Il lui parle de sa bagarre avec un garçon plus âgé qui vivait en bas de la rue. Le lendemain, Lolo lui apporte deux paires de gants de boxe : « Je donnais des coups dans les paumes de Lolo, réalisant à quel point ce visage m'était devenu familier après avoir passé deux ans ensemble, aussi familier que la terre sur laquelle on marchait. » Cette enfance atypique, qu'Obama parviendra à restituer des années plus tard lorsqu'il écrira ses mémoires, semble lui avoir appris la tolérance :

> Cela m'avait pris moins de six mois pour apprendre la langue de l'Indonésie, ses coutumes et ses légendes. J'avais survécu à la varicelle, à la rougeole et aux coups de baguettes de bambou de mes professeurs. Les enfants des paysans, des employés et des petits bureaucrates étaient devenus mes meilleurs amis, et ensemble nous courions dans la rue le matin et le soir, attrapant des criquets, faisant des batailles de cerfs-volants, où le perdant voyait son cerf-volant monter au ciel et savait que quelque part d'autres enfants [...], les yeux tournés vers le ciel, attendaient que leurs cadeaux atterrissent[2].

Mais quelque temps plus tard, l'enfant réalise que le monde qui l'entoure est fondé sur des équilibres fragiles. Il perçoit la tension entre Lolo et sa mère, et comprend que sa vie en Indonésie n'est qu'une étape. Il prend conscience de l'évolution de sa mère vis-à-vis de son avenir. Elle avait encouragé son adaptation rapide en Indonésie, ce qui l'avait rendu indépendant, peu exigeant face aux conditions de vie, et lui avait fait acquérir de bonnes manières, comparé aux autres enfants américains :

> Elle m'avait appris à mépriser l'ignorance et l'arrogance qui caractérisaient bien trop souvent les Américains là-bas. Mais à présent, elle avait pris conscience, tout comme Lolo, de l'abîme qui séparait les Américains et les Indonésiens au niveau des opportunités que la vie leur offrait. Elle savait de quel côté de la ligne elle voulait que son fils soit. J'étais un Américain, elle l'avait décidé, et ma vie était ailleurs[3].

... Honolulu

À 10 ans, Barry est envoyé à Hawaï vivre chez ses grands-parents, pour pouvoir suivre une scolarité meilleure qu'en Indonésie. Il entre à l'école Punahou, une prestigieuse école où furent inscrits autrefois les enfants de la famille royale d'Hawaï. Barry grandit désormais comme tout petit garçon hawaïen. Il apprend à surfer dans les eaux turquoise, à pêcher dans la baie de Kailua. L'île offre la mixité la plus forte des États-Unis. Aucun groupe ne s'arroge le droit de se revendiquer comme population majoritaire. Les grands-parents de Barry, un couple modeste, ont des voisins du Japon, des Philippines, de Chine. Lors du recensement de 2000, le premier qui sera en mesure d'évaluer le taux de métissage de la société américaine – les Américains étant autorisés à cocher plusieurs « groupes raciaux » sur le questionnaire –, les taux de métis les plus élevés se retrouvent chez les « Hawaïens ou personnes originaires des îles du Pacifique » (54,4 %). L'État qui compte le plus de métis déclarés est Hawaï (21 %), loin devant l'Alaska (5,4 %) puis la Californie (4,7 %). Parmi les villes de plus de 100 000 habitants, c'est Honolulu qui en compte la plus grande proportion (15 %).

Pourtant, cette nouvelle étape de la vie de Barry commence comme un cauchemar, de ces cauchemars d'enfant qui restent ancrés dans la mémoire. Au pays du métissage, Obama n'est pas vu comme un métis, mais comme un Noir. Pour son premier jour d'école, il est accueilli dans la classe par une gentille institutrice, Miss Hefty. Mais un garçon se met à gesticuler comme un singe, provoquant un fou rire collectif dans la classe. Un deuxième lui demande si son père est un cannibale. Une troisième camarade se permet de toucher ses cheveux crépus. Il y a un seul autre élève noir dans son école, une petite fille du nom de Coretta. Elle semble n'avoir aucun ami. Dès le premier jour, les deux enfants s'évitent, s'observent à distance, comme s'ils percevaient qu'un contact direct ne ferait que leur rappeler l'isolement qui les lie. Finalement, lors d'une récréation, ils finissent par jouer ensemble et, au terme d'une course-poursuite, par tomber l'un sur l'autre. Quand ils lèvent les yeux, un groupe d'enfants les pointe du doigt. « Coretta a un petit ami! Coretta a un petit ami! » Barry se défend: « Ce n'est pas ma petite amie. » Il regarde Coretta pour qu'elle confirme, mais elle reste à fixer le sol. « Je ne suis pas son petit ami! » finit-il par crier, en bousculant sa nouvelle camarade: « Laisse-moi tranquille. » Pendant le reste de l'après-midi, il est hanté par l'expression déçue de Coretta: « J'aurais voulu lui expliquer que cela n'avait rien de personnel. Je n'avais jamais eu de petite copine avant et ne voyais pas l'intérêt d'en avoir une maintenant. Mais je ne savais pas si c'était vrai... » Plus tard, il reconnaîtra que cet incident était le premier d'une série, qui révélerait son malaise identitaire. Peut-être par peur d'être rejeté, Barry reste le plus souvent chez ses grands-parents. Comme en hibernation. Il appelle son grand-père « Gramps » et sa grand-mère « Toot », diminutif de *tutu*, le mot hawaïen qui signifie « mamie ». Bientôt, il va devoir sortir de sa routine, quand sa mère et son père annoncent qu'ils viennent lui rendre visite. À Noël 1971, la famille est réunie.

Cette visite d'un mois commence étrangement, par de longs silences. Son père, qui a eu un accident de voiture et se déplace avec une canne, n'est pas l'homme fort dont on lui avait parlé. Froid et autoritaire, il lui ordonne d'éteindre la télévision pour se consacrer aux devoirs. Lorsque sa mère lui annonce que Miss Hefty a invité son père à parler dans son école, Barry s'inquiète. Il s'était vanté auprès de ses camarades d'avoir un grand-père chef de tribu, « comme un roi », un père prince. Lui-même devait être le prochain à diriger la tribu luo, « une tribu de guerriers ». Il redoute que ses exagérations ne soient révélées au grand jour. Quand son père finit le discours, l'ovation qu'il reçoit le rassure. « Tu as un père vraiment impressionnant », dit un enseignant. « Ton père est super-cool » dit un camarade – celui qui lui avait demandé le premier jour de classe si son père était un cannibale. Dans les heures qui suivent, il se rapproche de ce père. Ils assistent à un concert de

Dave Brubeck, lisent ensemble. Pour Noël, son père lui offre un ballon de basket et deux disques de musique africaine qu'il avait achetés au Kenya. Il lui apprend alors des pas de danse. Barack se souviendra toute sa vie de ces derniers gestes. C'est la dernière fois qu'il voit son père, qui mourra dans un accident de voiture, en 1982.

Barry quitte l'appartement de ses grands-parents et s'installe avec sa mère, qui prépare un master en anthropologie. C'est à cette époque qu'elle lui transmet ses valeurs, forgées pendant la période des droits civiques : la tolérance, l'égalité, le combat en faveur des défavorisés. Mais lorsque Ann l'incite à retourner en Indonésie avec elle et Maya, il prétexte qu'il a fini par aimer son école et qu'il ne veut pas, une fois encore, être le petit nouveau, devant faire ses preuves dans un monde étranger. La vraie raison, écrira-t-il plus tard, est qu'il s'était alors engagé dans une lutte intérieure, pour construire son identité. Durant les années de collège et de lycée, il lit et relit les lettres de son père et essaye d'y trouver des réponses. Si les lettres, trop sibyllines, n'ont pas été d'un grand secours, le cadeau de Noël l'a certainement aidé. Contrairement au football américain, le basket est un sport qui le passionne. Au lycée, il entre dans l'équipe première et joue des matchs à l'université d'Hawaï. Il semble rechercher la sympathie de ses camarades de jeu, noirs pour la plupart. Il dira qu'il a trouvé dans le sport certaines des valeurs qui lui serviront dans la vie politique, notamment le fait de ne pas montrer ses émotions, surtout la peine et la peur, pour que son adversaire ne les voie pas. Dans son autobiographie, Obama consacre une place importante à la découverte du sport. Il livre une vision idéalisée de ses rapports avec son entraîneur de l'époque. L'entretien que David Mendell a pu avoir avec ce dernier révèle une relation beaucoup plus ambiguë entre les deux hommes. Il en ressort une image moins lisse d'Obama que celle qu'il cherche aujourd'hui à donner. Le calme olympien qui émane du personnage serait une façade. L'ancien entraîneur évoque, plus de vingt ans après, un fort esprit de compétition et une difficulté manifeste à accepter la défaite[4].

Un adolescent noir torturé

Dans ses mémoires, Obama confie son adolescence torturée, enfant à la peau noire dans un monde de Blancs, en manque de ce père absent qu'il idéalisait. Il reconnaît ses errances: «Une caricature de l'adolescent noir, lui-même caricature de la virilité américaine fanfaronne». Cornel West, professeur d'études afro-américaines à l'université de Princeton, décrit ce processus qui conduit certains jeunes Noirs à mettre en scène leur propre corps dans le but de provoquer la crainte chez les autres. Être *«bad»* constitue à la fois l'affirmation d'une identité, par la tenue, la démarche, et une forme de subversion au sein de la culture blanche majoritaire vécue comme hostile. Ce comportement peut avoir une dimension machiste, dans le rapport aux femmes et aux autres garçons[5]. Sur le terrain de basket, Barry rencontre de jeunes adolescents noirs qui, ayant suivi leurs parents, sont de plus en plus nombreux à quitter le continent pour s'installer à Hawaï. Son ami le plus proche, Ray, est un élève de terminale, de deux ans son aîné. Un jeune homme athlétique, intelligent et drôle. Sa révolte, son désordre intérieur, aident Obama, selon son propre aveu, à analyser sa «propre révolte, son propre désordre». À eux deux, ils représentent la moitié de l'effectif des élèves noirs à *Punahou High School*. Ils aiment plaisanter au sujet des Blancs ou énumérer les affronts et les insultes qu'ils ont endurés, et dont ils peuvent enfin parler. Obama se souvient de cet élève de cinquième qui l'avait traité de «nègre» *(coon)*, de ce joueur de tennis qui lui avait dit de ne pas toucher le planning du tournoi car sa couleur «pourrait se répandre sur la feuille», de cet entraîneur de basket qui avait qualifié leurs adversaires de «bande de nègres». Grâce à Ray, il découvre un milieu qu'il ignorait, celui des fêtes de la jeunesse noire sur le campus universitaire ou dans les bases de l'armée. Une distance commence à se créer avec ses grands-parents. Un jour, en allant travailler, un mendiant avait demandé de l'argent à sa grand-mère. Depuis, elle exigeait que son mari la conduise au travail. Plus tard, celui-ci confie à son petit-fils qu'elle a réagi ainsi parce que le mendiant était noir:

> Nous sommes restés ainsi pendant plusieurs minutes, dans ce silence pesant. Il affirma qu'il allait tout de même conduire Toot au travail. [...] Après leur départ, je m'assis sur le bord de mon lit et pensais à mes grands-parents. Ils avaient beaucoup sacrifié pour moi. Ils avaient mis tout leur espoir en moi et mon succès. Jamais ils ne m'avaient donné une raison de douter de leur amour. [...] Et pourtant, je savais que des hommes qui auraient très bien pu être mes frères leur inspiraient toujours la peur[6].

Les récriminations à l'égard des Blancs de ses amis noirs le mettent aussi mal à l'aise. Quand il parle avec Ray des « Blancs ceci », des « Blancs cela », il se souvient tout d'un coup du sourire de sa mère, et ses paroles lui semblent alors sonner faux. Parfois, lorsqu'il estime que Ray va trop loin dans ses tirades contre les Blancs, il lui rappelle qu'ils ne vivent pas dans les taudis de Harlem ou du Bronx: « Nous sommes à Hawaï, quand même ! » Un jour, Ray affirme que s'ils n'arrivent pas à sortir avec des filles, c'est parce qu'ils sont noirs. « Si une fille ne veut pas sortir avec toi, cela ne fait pas d'elle une raciste », lui répond Barack, qui envisage d'autres explications, psychanalytiques: les filles blanches ne seraient pas racistes, mais chercheraient des garçons à l'image de leur père. La réponse de Ray est cinglante: « Mec, je sais bien pourquoi tu cherches des excuses à ces Blancs. »

Dans sa quête de père de substitution, Obama découvre des écrivains: James Baldwin, Ralph Ellison, Langston Hughes, Richard Wright, W.E.B. DuBois. Il les lit avec voracité, espérant trouver des réponses. Mais même après avoir dévoré leurs ouvrages, il retrouve son angoisse et ses doutes « que l'intellect ne semble pas en mesure de gommer ». L'éducation de DuBois, l'amour de Baldwin, l'humour de Hughes lui paraissent de peu de secours face à cette force destructrice qui le tient: le dénigrement de soi. Même Malcolm X, celui qu'il préfère, ne lui permet pas de comprendre, et surtout d'accepter, son métissage: « Malcolm X voulait que le sang blanc qui coulait dans ses veines, du fait d'un acte de violence – le viol – disparaisse d'une manière ou d'une autre. » Mais l'adolescent ne peut s'identifier à cette démarche, et doit continuer à chercher sa propre voie. Ne se trahirait-il pas lui-même, s'il oubliait l'amour de sa mère et celui de ses grands-parents ? S'il est un adolescent avide de lectures, ses résultats scolaires sont loin d'être brillants. Eric Kusunoki, l'un de ses professeurs, se rappelle d'un lycéen qui n'exploitait pas tout son potentiel, par manque d'effort et d'ambition, abonné aux « peut mieux faire » dans ses bulletins scolaires.

Après le lycée, Obama part étudier deux ans à l'Occidental College de Los Angeles, où il fait ses premières années universitaires. Il a 18 ans et découvre l'usage des drogues. De l'herbe, de l'alcool, un peu de cocaïne. Il n'essaye pas l'héroïne, écrira-t-il dans ses mémoires, parce que le gars qui veut lui en faire goûter tremble et transpire : « Je n'aimais pas l'aspect de l'élastique qu'il attachait et de l'aiguille qu'il insérait dans son bras. Je ne voulais pas en arriver à cet état de léthargie. Ça se rapprochait trop de la mort. » Il avouera être tombé dans le piège tendu à la majorité des adolescents noirs, de se conformer à un stéréotype : « Junkie, accro à l'herbe. Voilà ce vers quoi je me dirigeais : jouer le rôle que l'on s'attendait à me voir tenir, en tant que jeune *Black*. » Il semble avoir renoncé à répondre aux questions qu'il se posait sur son identité. Planer lui permet de les oublier.

Ses révélations sur l'usage de drogue, faites en 1995, auraient pu être rédhibitoires dans la perspective d'une carrière politique. En 1987, Douglas H. Ginsburg, juge à la Cour d'appel pour le district de Colombia, avait dû renoncer à la Cour Suprême après que l'on avait appris son usage de marijuana. En 1992, Bill Clinton, candidat à la présidentielle, avait choisi la prudence en disant qu'il n'avait « jamais inhalé ». Et George W. Bush avait préféré parler d'« erreurs de jeunesse » sans donner plus de détails. Obama est bien le premier prétendant à la présidence à admettre avoir consommé de la cocaïne. Dans la préface de la nouvelle édition de ses mémoires, il affirme ne pas regretter ses aveux, même s'il reconnaît que « certains passages peuvent être source de désagrément ». Sans doute sait-il qu'il peut aussi tirer parti de sa franchise. Sa vie est un livre ouvert, au sens propre comme au figuré. Et l'histoire qu'il offre aux Américains est de celles qu'ils préfèrent. C'est le récit d'une rédemption. « Qui oserait lui lancer la première pierre ? » s'interroge un éditorialiste. Pour Obama, évoquer ses égarements a une portée éducative : « Les jeunes gens qui sont dans une situation difficile doivent savoir que l'on peut faire des erreurs et s'en sortir [...] Les électeurs peuvent juger si les erreurs que j'ai faites quand j'étais adolescent sont compensées par le travail que j'ai accompli depuis. » Sa biographie, habilement mise en scène, a valeur d'exemple. Elle lui sert d'argument électoral. Des milliers d'individus, dans toute l'Amérique, doivent pouvoir se reconnaître dans son parcours et s'identifier à sa réussite.

De Barry à Barack

L'Occidental College n'est pas seulement le lieu des errements. C'est aussi là qu'Obama prend goût à la politique. C'est un endroit idyllique, avec un campus boisé, près de Pasadena très loin des quartiers pauvres. Le jeune Barry s'intègre facilement dans la communauté des étudiants noirs. Certains d'entre eux, issus des ghettos, sont ravis d'échapper aux rues dangereuses dans lesquelles ils ont grandi. Lui n'est pas né à Compton, ni à Watts : « Je n'avais pas à m'échapper de quelque part, excepté de mes propres doutes. » D'autres sont issus des banlieues résidentielles. Comme cette étudiante magnifique, Joyce, qui se sent offensée quand Barry lui demande si elle va se rendre à la réunion de la Black Students' Association : « Je ne suis pas noire. Je suis multiethnique ! » Il revoit Joyce qui, outre ses origines afro-américaines, tient à ses origines italiennes, françaises et amérindiennes. Même s'il se démarque de son attitude de déni – « C'était le problème avec des gens comme Joyce. Ils parlaient de la richesse de leur héritage multiculturel et cela sonnait bien, jusqu'à ce tu remarques qu'ils évitaient de parler des Noirs » –, le jeune Barry se reconnaît dans sa complexité d'héritages. Cependant, il préfère se rapprocher des étudiants dont l'identité lui paraît inébranlable. Pour ne pas être accusé de traître, Obama choisit ses amis prudemment. Les étudiants noirs les plus militants politiquement. Les étudiants étrangers venus en programmes d'échange. Les Chicanos. Les professeurs marxistes. Les féministes. Ce camarade de chambre, Marcus, dont la sœur a participé à la fondation du Black Panther Party du Midwest : « Son héritage était pur, son sens de la loyauté était clair. »

Mais sa stratégie, pour démontrer qu'il est aussi « pur » que son camarade, se retourne contre lui quand il se moque d'un autre ami, Tim, parce que ce dernier « parlait avec un accent emprunté et sortait avec une fille blanche ». « Tu devrais t'occuper de tes propres affaires plutôt que de juger les autres », lui répond Marcus, dont il réclamait l'assentiment. Le souvenir de cet incident, le sentiment de honte qui s'ensuit, l'aident à réfléchir. Ne sont-ce pas ses propres peurs, notamment celle de ne pas être accepté, qui l'ont poussé à vouloir ridiculiser son ami ? Être pris entre deux mondes, noir et blanc, celui de son père et de sa mère, implique-t-il de devoir choisir entre les deux ? Barry prend alors conscience qu'il a vécu dans le mensonge durant toute sa première année universitaire, qu'il a dépensé toute son énergie à tourner en rond, essayant de cacher qui il était. Une porte sur l'avenir semble s'ouvrir. Il rencontre Regina, une étudiante avec qui il sent qu'il peut être lui-même. C'est elle qui l'encourage à s'impliquer dans le mouvement contre l'apartheid. Dans tous les campus américains, des étudiants protestent alors contre les traitements infligés aux Noirs en Afrique du Sud et la complicité d'entreprises américaines. Lors d'une fête sur le campus, il se lève spontanément et prend, pour la première fois, la parole en public. Certains discutent autour d'un verre, d'autres échangent quelques mots avec leur professeur ou jouent au frisbee.

> Il y a un combat en ce moment. Cela se passe à un océan de nous. Mais c'est un combat qui touche chacun d'entre nous […] Un combat qui exige que nous choisissions un camp. Pas

entre Noirs et Blancs. Pas entre riches et pauvres. Non. C'est un choix entre la dignité et la servitude. Entre l'équité et l'injustice. Entre le dévouement et l'indifférence. Un choix entre le bien et le mal[7].

Alors qu'Obama est évacué de l'estrade par deux étudiants du service d'ordre, il ne veut pas lâcher le micro, comprenant ce que lui procure le fait de vouloir convaincre les autres : « La foule applaudissait et acclamait, et j'ai su que je les avais touchés. Je voulais vraiment rester sur l'estrade, entendre ma voix résonner à travers les hourras de la foule. J'avais tellement d'autres choses à dire. » Dans le même temps, il se reproche d'avoir cédé à la facilité. Le soir même, les félicitations de son amie Regina sont la source d'une dispute :

Barry : Écoute, Regina. Je suis content que tu aies apprécié ma petite prestation. Mais c'est la dernière fois que tu entendras un discours de ma bouche. Je te laisse prêcher la bonne parole. Moi, j'ai décidé que ce n'était pas de mon ressort de parler au nom des Noirs. [...] Les belles phrases ne suffisent pas. Alors pourquoi prétendre le contraire ? Je vais te dire pourquoi. Parce que ça me donne l'impression d'être important. Parce que j'aime les applaudissements. Ça me donne des frissons. C'est tout.
Regina : Tu me traites de naïve ? S'il y a bien quelqu'un de naïf ici c'est toi. Tu sembles croire que tu peux rejeter qui tu es, que tu peux refouler tes émotions. [...] Laisse-moi te dire une bonne chose, Mr. Obama. Tout ne tourne pas autour de toi. Ce qui compte, ce sont les gens qui ont besoin d'aide. Les enfants qui comptent sur toi. Ils n'en ont rien à faire de ton ironie[8].

Obama analyse l'incident, le mettant en parallèle avec la peur qui l'avait fait rejeter la petite Coretta, à l'école primaire, puis qui lui avait fait ridiculiser Tim en présence de Marcus. Cette peur de n'avoir sa place nulle part, d'être à l'écart, chez les Noirs comme chez les Blancs. Il donne raison à Regina. Il n'y en avait que pour lui. Ses peurs. Ses besoins. Il pense alors à ses deux grand-mères, l'une noire, l'autre blanche, et au même rêve qu'elles avaient eu pour lui : « Elles attendaient la même chose de moi, mes deux grand-mères. Mon identité ne pouvait pas s'arrêter à ma race. » C'est à cette époque que « Barry » demande qu'on ne l'appelle plus par son surnom, et qu'il se met à revendiquer son prénom africain, « Barack ». Regina lui avait demandé pourquoi il n'assumait pas ce nom, si « beau » et « authentique ». Il avait répondu que son père avait adopté ce surnom américain, parce que « cela passait mieux aux États-Unis ». Barack a cessé de se torturer, mais il ne sait toujours pas quoi faire de sa vie, ni même où vivre. Hawaï lui a offert une enfance paradisiaque, mais il n'envisage pas d'y retourner pour s'y installer. Après deux ans à Los Angeles, il bénéficie d'un programme d'échange qui lui permet, à l'automne 1981, d'entrer à Columbia, la prestigieuse université new-yorkaise. Même s'il ne sait pas encore quelle est sa voie, il comprend, confusément, qu'il lui faut suivre les traces d'un père absent, et poursuivre son rêve. Il sait aussi que, partout où il sera, sa mère veillera sur lui et le soutiendra, comme elle l'a toujours fait.

Obama livre son autobiographie à seulement 34 ans, très opportunément au moment où il entre en politique. Le *storytelling* ne cessera d'être une des armes de sa communication politique. Il sait que ce parcours habilement mis en scène d'un adolescent déchiré entre différentes identités, puis réconcilié avec lui-même, est en mesure de séduire un électorat élargi. Il sait que ce récit, intelligemment reconstruit, peut correspondre au désir d'unité de la nation américaine.

2

Les premiers engagements 1981-1996

Forçant le destin, la vie de Barack Obama va être bientôt marquée par les premiers engagements, tant sur le plan professionnel que sur le plan affectif. À New York, il partage un appartement, dans les quartiers chic près de East Harlem, avec un ami pakistanais qu'il avait rencontré à Los Angeles. Il avait décidé de partir pour Columbia afin de sortir du cocon qu'était pour lui *Occidental College* et de se débarrasser des mauvaises habitudes auxquelles il avait cédé. Il désirait également s'échapper des banlieues résidentielles de LA et vivre « au cœur d'une vraie ville », avec des quartiers noirs à proximité. Il arrive à New York au début des années 1980. Wall Street est alors en pleine expansion. Manhattan s'anime avec l'ouverture de nouveaux restaurants et de boîtes de nuit qui accueillent les cadres trentenaires profitant d'une richesse récemment acquise. Ressentant le besoin de se cuirasser contre la tentation, Obama se concentre sur ses études et résiste aux invitations de son colocataire qui va dans les bars et ramène des filles. Obama, lui, court cinq kilomètres par jour, jeûne les dimanches et tient un journal intime, écrivant ses pensées quotidiennes et de la mauvaise poésie, mais aussi des textes qui vont devenir la matière des mémoires qu'il écrira dix ans plus tard. Il tâchera de montrer que son histoire personnelle, faite de déchirements mais également d'unité retrouvée, correspond à l'histoire de la nation américaine.

Quand il n'est pas en train d'étudier, il arpente New York et décèle derrière l'animation de cette ville scintillante les immeubles infestés de rats où les sans-abri trouvent refuge et deviennent la proie du trafic de drogue. L'administration de Reagan, qui sait générer de la croissance, est impuissante à résoudre le problème de pauvreté. Les riches et les pauvres sont dans deux mondes séparés qui ne communiquent pas.

Ce fossé est selon Obama générateur de haine. L'université n'est pas un espace sanctuarisé, comme en témoigne le mur des toilettes où, malgré les nombreuses tentatives de l'administration pour les recouvrir de peinture, les graffitis expriment avec violence la tension entre *« niggers »* et *« kikes »* (« nègres » et « youpins »). Lorsque sa mère et sa sœur lui rendent visite à l'été 1982, elles découvrent un jeune homme très différent du flemmard insatisfait qu'elles auraient trouvé si elles étaient venues le voir sur le campus de Occidental College. Sa mère est ravie d'apprendre qu'il écrit à son père et compte lui rendre visite au Kenya après l'obtention de son diplôme : « Je pense que ça serait merveilleux que vous vous retrouviez pour apprendre à mieux vous connaître. » Elle lui raconte des souvenirs de son père, notamment son retard lors de leur premier rendez-vous. Alors qu'elle l'attendait devant la bibliothèque de l'université, elle s'était endormie sur un banc. Elle s'était réveillée en trouvant son futur mari debout devant elle avec deux amis. « Vous voyez messieurs, je vous avais dit que c'était une fille bien et qu'elle m'attendrait. » À sa manière de raconter l'anecdote, il comprend à quel point sa mère aimait son père. Même s'il l'avait quittée avec un bébé à élever, elle l'aimait toujours. « Elle idéalisait mon père et avait essayé de faire en sorte que moi, un enfant qui ne l'avait jamais connu, puisse le voir comme elle le voyait. » Tout espoir que cela arrive un jour s'évanouit quelques mois plus tard, quand il reçoit un appel de sa tante de Nairobi. Son père s'est tué dans un accident de voiture. Barack ne verse pas une larme.

À Chicago : trouver sa voie

En 1983, il est diplômé de Columbia (licence de sciences politiques avec une spécialisation en relations internationales) et se prépare à une première expérience professionnelle. Tandis que ses camarades postulent pour des emplois bien rémunérés en entreprise ou envoient des dossiers de candidature pour faire des études doctorales, Obama se sent animé par une volonté d'engagement social, que lui a transmise sa mère depuis son enfance. Elle lui avait raconté, notamment, l'histoire des droits civiques. Mais cette passion vient aussi de son propre désir idéaliste de faire ce qu'il peut pour aider les démunis à se libérer du cercle vicieux de la pauvreté et du désespoir dont il a été témoin. Au lieu de planifier les étapes qui le mèneraient à une ascension rapide en haut de l'échelle sociale, il écrit des lettres à des douzaines d'organisations des droits civiques, à des hommes politiques progressistes comme Harold Washington, récemment élu à Chicago – le premier maire noir de la ville –, à des groupes luttant pour les droits des locataires et à des associations de quartiers à travers tout le pays. À son grand dam, il ne reçoit aucune réponse. Il décide d'attendre le bon moment et de réessayer plus tard. Embauché par une entreprise multinationale – Business International Corporation –, il est vite promu à un poste de conseiller financier, avec son propre bureau, sa propre secrétaire et de l'argent à dépenser, sans parler de l'admiration des femmes noires du secrétariat qui sont fières de lui et prédisent qu'un jour il dirigera l'entreprise. Obama commence à croire qu'il aimerait peut-être se contenter de ce poste quand il reçoit un appel d'Auma, sa demi-sœur africaine, qui lui apprend le décès de son demi-frère David. Cette nouvelle lui rappelle qu'il s'était promis de servir les autres, de s'impliquer dans une tâche plus importante que d'avoir un bureau en haut d'une tour. Il démissionne. Il envoie à nouveau des dizaines de lettres, mais il ne reçoit aucune réponse favorable. Sur le point d'abandonner, il reçoit un appel de Marty Kaufman, présidente de The Calumet Community Religious Conference de Chicago. Elle cherche à embaucher un animateur social *(community organizer)*. Obama avait fait un premier voyage à Chicago quand il avait 11 ans, avec ses grands-parents. Il y retourne quatorze ans plus tard, à l'âge de 25 ans.

Il s'agit d'assister les églises de South Side à organiser des programmes de formation pour les résidents des quartiers pauvres, fortement touchés par la fermeture d'usines et les licenciements. Le salaire, 10 000 dollars par an, en plus d'une allocation de 2 000 dollars pour s'acheter une voiture, aurait été source de raillerie de ses amis – même le gardien de sécurité de son immeuble lui aurait dit, « Oublie cette organisation et fais quelque chose qui va te rapporter de l'argent... tu ne peux pas aider les gens qui n'ont aucun avenir de toute façon, et ils n'apprécieront même pas le fait que tu aies essayé » – mais il a accepté le poste. Obama tombe amoureux de Chicago dès qu'il visite la ville en voiture, en compagnie de Marty Kaufman, longeant le littoral, passant devant les usines fermées, parcourant le Martin Luther King Drive. Il découvre le Regal Theater où Duke Ellington et Ella Fitzgerald ont donné leurs représentations. Il se souvient avoir lu que Richard Wright distribuait le courrier à Chicago en attendant la publication de son premier livre. Lors de son troisième jour en ville, il se retrouve dans le salon de coiffure *(barbershop)* de Smith, un endroit convivial qui lui donne instantanément le sentiment d'être chez lui, et où il se rend toujours vingt ans plus tard. Les trois ans qu'il passe à Chicago comme animateur social constituent son apprentissage de la chose publique. Il réalise que les services municipaux, y compris la police, sont absents de ces quartiers. Les parcs ne sont pas entretenus, les écoles sont sous-financées, des magasins définitivement fermés. Seuls ceux qui n'ont pas pu partir sont restés. Il écoute les gens lui parler de leurs difficultés et de leurs espoirs. Sa mission consiste à évaluer leurs besoins, à envisager avec eux les moyens d'améliorer leur situation.

Quand il s'engagera en politique, il tentera d'intégrer dans sa démarche le témoignage de ces gens dont aucun ne prenait les discours au sérieux: « Ils avaient abandonné l'espoir qu'un homme politique puisse vraiment améliorer leurs vies. Selon eux, un tour de scrutin [...] était simplement un ticket pour un bon spectacle. » Ses entretiens d'alors, dans les quartiers à majorité noire, lui permettent de poursuivre sa réflexion sur l'expérience afro-américaine : « Les notions de pureté – de la race ou de la culture – ne pouvaient pas plus être la base de la fierté de l'Américain noir type que de ma propre fierté. Notre sens de l'intégrité devrait provenir de quelque chose de plus subtil que les gènes dont nous avons hérité. » Barack sympathise avec Ruby Styles, une mère noire célibataire. Alors qu'il est venu apporter un cadeau à son fils Kyle, il remarque que Ruby a les yeux bleus : « "C'est juste des lentilles, Barack. La compagnie pour laquelle je travaille fait des lentilles, et ils me font un petit prix. Tu aimes ?" – "Tes yeux étaient très bien comme ils étaient." » Tout le reste de la journée, il pense aux yeux de Ruby, au fait qu'il avait mal réagi en cherchant à l'embarrasser :

> J'ai pris conscience qu'une partie de moi voulait qu'elle et d'autres possèdent une sorte d'immunité face aux images dont on nous bombarde et qui nourrissent les complexes des Américains – les mannequins filiformes dans les magazines de mode, les hommes à la mâchoire carrée dans les voitures de sport –, des images face auxquelles j'étais moi-même vulnérable et dont je voulais me protéger. [...] Depuis ma découverte des crèmes éclaircissantes dans le magazine *Life*, j'étais habitué au vocabulaire au sein de la communauté noire – un bon type de cheveux, un mauvais type de cheveux, des grosses lèvres, des lèvres fines ; « si tu es clair de peau, ça va, si tu es foncé, laisse tomber ». À l'université, les questions d'estime de soi étaient un sujet délicat pour les étudiants, surtout chez les filles, qui réalisaient que les militants noirs sortaient avec les filles claires. La plupart du temps, je ne me prononçais pas sur la question, me demandant secrètement à quel point j'avais été moi-même contaminé par ces idées. Et admettre nos doutes auprès des Blancs, exprimer nos pensées les plus intimes afin d'être analysés par ceux qui avaient fait tant de dégâts à l'origine, paraissait ridicule, car rien ne semblait indiquer que les Blancs considéreraient nos luttes personnelles comme le résultat de leurs préjugés, mais plutôt comme une autre manifestation d'une pathologie noire [1].

Obama frappe aux portes, assiste à des réunions de quartiers dans les sous-sols des églises, dans les cantines des écoles, dans les immeubles souvent insalubres. Il rencontre des parents qui s'inquiètent de la montée des gangs et fait en sorte que les écoles mettent en place des programmes d'orientation pour les adolescents à risque. Il participe à l'amélioration du nettoyage des rues, de l'entretien des parcs. « Les hommes politiques locaux connaissaient mon nom – écrira-t-il – même s'ils ne savaient pas encore le prononcer. » Et pourtant, les problèmes de la ville sont tels que les réussites semblent dérisoires. Obama prend conscience que s'il travaillait encore pendant vingt ans comme animateur social, il serait toujours confronté aux mêmes obstacles. C'est de cette frustration que lui vient la conviction qu'il lui faut changer d'échelle, et agir là où se prennent les décisions. Il choisit alors de poursuivre ses études en droit, « afin d'apprendre comment fonctionne le pouvoir dans toute sa complexité et dans les moindres détails ». Avant de quitter Chicago, promettant d'y retourner après l'obtention de son diplôme de droit de Harvard, il assiste à un office à la South Side's Trinity United Church of Christ, où toute la congrégation chante à en perdre haleine avec la chorale de gospel. Le sermon, ce dimanche-là, aborde une multitude de problèmes – les factures non payées, la violence conjugale, l'échec scolaire – qui pourraient conduire au désespoir. Mais le prédicateur propose aussi l'antidote, l'espoir d'un monde meilleur. Ce sermon était intitulé *The Audacity of Hope*. Obama ne l'oubliera pas.

Premier voyage au Kenya

En 1987, sa demi-sœur, Auma, lui rend visite à Chicago. Barack l'aime à la minute où il la prend dans ses bras à l'aéroport. Le frère et la sœur échangent sur leur expérience de la mixité. Le petit ami d'Auma est allemand: « Avec Otto et sa carrière, on devra vivre en Allemagne. Je me demande comment cela se passera, vivre toute ma vie comme une étrangère. Et toi Barack ? Tu as ces problèmes ou est-ce juste ta sœur qui est perturbée ? » D'un naturel pudique, il lui confie qu'il est sorti pendant un an avec une fille blanche. Leur relation s'est dégradée quand il a pris conscience qu'ils venaient de mondes trop différents. Un soir, Barack avait emmené son amie voir une pièce de théâtre d'un dramaturge noir. Une pièce qui exprimait la colère, mais fondée sur un humour typiquement afro-américain. Le public, majoritairement noir, riait et applaudissait : « À la fin de la pièce, mon amie s'est mise à parler des Noirs et pourquoi ils étaient toujours en colère. J'ai dit que c'était une manière de ne pas oublier. Personne ne demande aux juifs d'oublier l'Holocauste. » S'était ensuivie une grosse dispute, devant le théâtre. Quand ils s'étaient trouvés dans la voiture, elle s'était mise à pleurer : « Elle ne pouvait pas être noire. Elle le serait si elle le pouvait, mais elle ne le pouvait pas. Elle ne pouvait être qu'elle-même, et ce n'était pas suffisant. »

Auma raconte à Barack l'histoire de leur père. Elle et son frère Roy étaient nés avant que leur père ne parte à Hawaï en 1959. Ils vivaient avec leur mère à Kogelo quand il est revenu d'Amérique avec une nouvelle femme, une Blanche nommée Ruth. Après avoir travaillé pour le ministère du Tourisme, le « vieux », comme l'appelle Auma, s'est brouillé avec le président, Jomo Kenyatta, suite aux tensions grandissantes entre les Kikuyu, l'ethnie majoritaire, et les Luo, auquel les Obama appartiennent. Voyant toutes les portes des ministères se refermer devant lui, déprimé par son changement de statut, il a commencé à boire, perdant fréquemment son sang-froid envers sa femme et ses enfants. Pour Barack, le mythe s'effondre :

> C'est comme si je m'étais réveillé un matin et avais trouvé un soleil bleu et un ciel jaune ou avais entendu les animaux parler comme des hommes. L'image de mon père avait disparu soudainement. Remplacée par quoi ? Un alcoolique aigri ? Un mari abusif ? Un bureaucrate isolé, défait ? Dire que toute ma vie je m'étais battu avec un fantôme ! [...] Le roi avait perdu son trône. Quoi que je fasse, je ne ferai pas pire que lui[2].

Quelques mois plus tard, Barack visite le Kenya pour la première fois. Il éprouve dès les premiers jours une sensation de liberté physique : « Tes cheveux poussent comme ils sont suppo-

sés pousser. Ici tout le monde est noir et tu as juste à être toi. »
Il passe la plupart de son séjour avec sa demi-sœur. Il prend
conscience, de l'intérieur, de la situation d'un pays d'Afrique.
Dans un restaurant, un serveur néglige Barack et Auma, préférant s'occuper des touristes blancs. Auma balance son argent à
la figure du serveur et lui dit qu'elle aussi peut payer son repas.
Après l'incident, Auma explique son quotidien :

> Tu sais, je ne peux pas aller dans le club d'un de ces hôtels si je
> suis avec une autre femme africaine. Les askaris [gardes armés]
> nous recaleront, pensant que nous sommes des prostituées. La
> même chose pour les bureaux. Si tu n'y travailles pas, et que tu
> es africain, ils ne te lâcheront pas jusqu'à ce que tu dises ta profession. Mais si tu es avec un ami allemand, alors là tu as droit
> à un sourire. « Bonjour, mademoiselle, comment allez-vous ? »
> Le Kenya écarte les cuisses pour quiconque peut payer[3].

Barack lui répond qu'elle est trop dure avec son pays. Il
tente de relativiser, faisant valoir que toutes les métropoles
du Sud, de Djakarta à Mexico, sont dans la même situation.
Durant ce séjour, il arrive à convaincre sa sœur d'aller faire un
safari. Au départ, elle y était hostile, considérant ces attractions
comme une marque de colonialisme. Pourquoi toutes ces terres
devraient rester inoccupées pour les touristes alors qu'on pourrait les exploiter pour l'agriculture ?

L'une des tantes de Barack lui raconte que la première fois
qu'elle a vu une télévision, elle pensait « que les gens à l'intérieur de la boîte étaient très grossiers, parce que quand elle leur
parlait ils ne lui répondaient pas ». Sur un mur à l'intérieur
de la maison familiale, à Kogelo, est accroché le doctorat de
Harvard de son père. Sous le manguier, la grand-mère d'Auma,
octogénaire, raconte ses souvenirs, remontant à l'époque de
la colonisation britannique. Le grand-père d'Obama comptait
parmi les premiers de son clan à adopter « les habitudes de
l'homme blanc », « échangeant ses pagnes pour des costumes et
des chaussures, apprenant à parler, lire, et écrire l'anglais, pour
finir plein d'amertume et brisé après une vie de servitude envers

ses maîtres coloniaux ». Son fils – le père d'Obama – avait été lui-même abandonné, à l'âge de 9 ans. Adolescent, il avait été battu, puis répudié, à cause de son esprit rebelle. Militant pour l'indépendance, il avait été envoyé en prison. Puis, il s'était lancé dans la rédaction de dizaines de lettres aux universités américaines. Comme des bouteilles à la mer. Quelle joie avait-il dû ressentir quand sa lettre d'acceptation était arrivée de Hawaï ! Alors qu'il se tient sur sa tombe, Barack a l'impression, pour la première fois dans sa vie, de comprendre ce père, et son audace d'espérer. Et, pour la première fois, il se met à pleurer pour lui.

Un juriste engagé

En 1988, Obama quitte son emploi à Chicago pour étudier le droit, pendant les trois années suivantes, à la Harvard Law School. Il choisit l'université d'Harvard, comme l'avait fait son père. Après Columbia à New York, c'est la deuxième université de la Ivy League de son parcours universitaire, ce qui en dit long sur son exigence d'excellence. Le terme Ivy fait référence aux lierres qui poussent sur les murs de ces huit universités, fondées pour sept d'entre elles à l'époque coloniale. Leur nom est un gage d'élitisme : Brown, Columbia, Cornell, Dartmouth College, University of Pennsylvania, Princeton, Yale. Enfin, Harvard, à Cambridge dans le Massachusetts, est la plus ancienne université, fondée en 1636. Obama apparaît à ses professeurs comme un étudiant mature, « plus vieux que son âge ». Il obtient son J.D. degree magna cum laude de Harvard avec les félicitations. En février 1990, sa nomination fait de lui le premier président noir de la prestigieuse revue de droit, la Harvard Law Review, en cent quatre ans d'existence. La publicité qui en découle se solde par l'appel de plusieurs éditeurs de New York qui l'encouragent à écrire ses mémoires, une proposition grisante pour un doctorant qui n'est pas encore trentenaire. Ses camarades sont impressionnés par son charisme et son aisance. Son professeur de droit constitutionnel, Laurence Tribe, qui défendra le cas de

Al Gore contre George W. Bush devant la Cour Suprême pendant les élections de 2000, le choisit comme assistant de recherche. Il estime qu'il est « l'un de ses deux meilleurs étudiants en trente-sept ans d'enseignement[4] ». On attend toujours le nom du second...

De retour à Chicago, Obama pourrait choisir d'intégrer un grand cabinet d'avocats comme la plupart des diplômés. « Après Harvard, il aurait pu faire tout ce qu'il voulait », reconnaît son ami, David Axelrod. Abner Mikva, premier juge de la cour d'appel des États-Unis *(Chief Judge of the US Court of Appeals)* pour la circonscription de DC, tente d'embaucher Obama comme stagiaire, mais Obama refuse. Il choisit d'entrer chez Miner, Barnhill & Galland, un cabinet juridique spécialisé dans la défense des victimes de discriminations. Dans sa biographie, Obama insiste sur le fait qu'il a décliné alors des offres d'emplois bien mieux rémunérés. Dans la perspective d'un engagement politique, il sait le profit qu'il peut tirer à évoquer ce choix apparemment désintéressé.

Parallèlement, de 1993 à 2004, il enseigne le droit constitutionnel, comme maître de conférences à la University of Chicago Law School. Il affirme ne pas vouloir se contenter d'enseigner aux étudiants un contenu scientifique. Il entend leur transmettre une philosophie :

> Vous aurez toutes les opportunités nécessaires quand vous serez diplômés. Et il sera très facile pour vous d'oublier vos belles idées progressistes et d'aller courir après les gros salaires, les beaux costumes et tout ce que la culture de la consommation vous dira d'acheter. Mais j'espère que vous n'abandonnerez pas facilement vos idéaux. Il n'y a rien de mal à gagner de l'argent, mais orienter sa vie autour de cet objectif dénote une absence d'ambition[5].

Obama pointe du doigt une culture matérialiste qui ne valorise pas l'empathie, et qui encourage les puissants à stigmatiser les pauvres comme étant feignants ou faibles. Son Amérique, il l'imagine comme généreuse, chacun se sentant un devoir envers son prochain. Cette obligation est d'abord envers soi-même, car c'est en s'attelant à faire quelque chose de plus grand que soi que l'on mesure son potentiel. Il pense sans doute à ce précepte lorsqu'il se met à envisager la perspective d'un engagement politique. L'enseignement du droit ne lui a-t-il pas déjà appris la méthode qui lui serait utile pour faire passer des lois ?

> Enseigner vous aide à rester rigoureux. Ce qui est bien dans l'enseignement du droit constitutionnel, c'est que vous êtes confronté à toutes les questions délicates : l'avortement, les droits des gays, l'affirmative action. Et vous devez être capable d'argumenter en vous plaçant dans les deux camps. Je dois être capable d'argumenter en me plaçant de l'autre côté aussi bien que le fait Scalia*[6].

C'est à cette époque que Barack Obama fait la rencontre qui va changer son existence. À l'été 1989, il rencontre Michelle Robinson chez Fidley and Austin, le cabinet d'avocat où il fait son stage et où elle est avocate associée. Michelle est chargée de former le nouvel associé. Contrairement au reste de la gente féminine qui semble séduite par le « petit nouveau », Michelle reste de marbre et affirme qu'il n'y a pas de quoi s'extasier face à un « type noir qui s'exprime bien ». Rapidement, Barack souhaite fréquenter Michelle dans un contexte non-professionnel mais cette dernière décline toutes ses invitations. Un jour, il lui demande de l'accompagner à une réunion sociale dans le sous-sol d'une église où il tient un discours qui impressionne la jeune femme. Lors d'un entretien avec une journaliste de Newsweek, Michelle se remémore sa réaction à l'époque : « Ce type est vraiment différent des autres ; en plus d'être gentil, drôle et mignon, il est sérieux et s'engage pleinement dans ce qu'il fait. » Lorsque Michelle présente Barack à sa famille, le jeune homme est apprécié de tous mais l'avis général est qu' « il ne fera pas long feu » : Michelle est une fille exigeante qui rompt facilement avec ses petits amis s'ils ne correspondent pas à ses attentes.

---
*Antonin Scalia : juge à la Cour Suprême des États-Unis depuis 1986. Il est considéré comme l'un des juges les plus conservateurs.

Grande, pétillante, franche, Michelle a grandi dans une famille ouvrière de Chicago. Selon son expression, « à un continent et demi des maisons de Djakarta et de Honolulu où Barack a grandi ». Michelle perçoit leurs différences : « Il avait cette mixité, cette enfance internationale, alors que moi, je venais de Chicago, c'est tout. » Mais elle insiste aussi sur leur point commun : « En fait nous sommes tous les deux du Midwest. Et, derrière les apparences, il est « très Kansas », en raison de ses grands-parents et de sa mère. Nos familles s'entendent bien. » Même s'ils ne s'y sont jamais rencontrés, ils ont tous les deux fait l'école de droit de Harvard. Surtout, ils partagent la même vision de la vie. Comme Barack, Michelle n'est pas intéressée par le droit des entreprises. Comme lui, elle a décliné les offres des grands cabinets privés, privilégiant le service public. Elle deviendra vice-présidente d'un grand hôpital de Chicago. Née en 1964, elle se décrit, enfant, comme une « fille noire typique de South Side ». Sa famille n'avait pas beaucoup d'argent. Aller au cirque était l'événement de l'année. Manger une pizza était le luxe du vendredi soir. Le père de Michelle était un petit fonctionnaire. Travailleur, vif, cultivé – s'il avait été blanc, assure-t-elle, il aurait été directeur de banque. Michelle a d'excellentes notes dans le secondaire. Elle commence ses études supérieures à Princeton, où son frère est une star du base-ball, quatrième marqueur dans l'histoire de l'université. Être noir et pauvre dans une université si prestigieuse forge sa personnalité :

> À la fin de l'année, on venait chercher les autres jeunes en limousines, et mon frère et moi portions nos cartons jusqu'à la station de métro. Mais cela m'a aidé à forger mon assurance, sachant que je pouvais réussir là. D'ailleurs je connaissais plein de jeunes d'*High School* qui, d'un point de vue scolaire, auraient pu aussi bien s'en sortir que moi. Il faut juste pouvoir intégrer l'école. Pour réussir dans ce monde, tout est question d'accès et de relationnel[7].

Semblables, leurs personnalités sont aussi complémentaires. Elle transmet son pragmatisme à Barack, qui avoue être encore un peu rêveur, à l'instar de son père. Quand il présente Michelle à ses grands-parents, sa grand-mère se reconnaît immédiatement en elle. Avec « la tête sur les épaules », c'est la femme qu'il faut pour Barack. Après les fiançailles, les amoureux partent au Kenya. Là encore, elle est aussitôt adoptée par sa famille africaine. Peut-être, en partie, parce qu'elle connaît déjà plus de mots en luo que Barack. Le couple traverse bientôt des moments difficiles, avec le décès de proches, le cousin de Barack, le père de Michelle. Malgré cela, ils décident de se marier.

Le mariage parfait

Le 18 octobre 1992, ils se marient à la Trinity United Church of Christ, devant le révérend Jeremiah A. Wright, le prédicateur de Chicago dont le sermon The Audacity of Hope avait tant impressionné Obama. Au sens propre, comme au sens figuré, cette union est un mariage parfait. L'entente est totale entre les trois familles, venant d'horizons si lointains : Américains WASP (White Anglo-Saxon Protestant) du Kansas et Africains de l'ouest kényan pour lui, Afro-américains de Chicago pour elle. Une image marquera Barack, qui symbolise la fin de son déchirement identitaire, les deux parties de sa famille étant réunies pour la cérémonie. Son grand frère, Roy, se fait désormais appeler par son prénom luo, Abongo. Il s'est converti à l'islam, a arrêté de fumer et de boire et parle de retourner vivre au Kenya. Barack décrit avec fierté l'allure de son frère Roy-Abongo, arborant une belle tenue africaine :

> Vers la fin de la cérémonie, je le regardais souriant jusqu'aux oreilles vers la caméra, ses longs bras sur les épaules de ma mère et de Toot, dont la tête atteignait à peine le niveau de son torse. « Hé frérot, m'a-t-il dit alors que je me dirigeais vers eux. On dirait bien que j'ai deux nouvelles mamans maintenant. » Toot lui tapota le dos. « Et nous avons un nouveau fils » a-t-elle dit, même si sa langue fourcha quand elle tenta de dire « Abongo » dans son accent du Kansas. Roy porte un toast. Et à ce moment-là, j'avais le sentiment d'être l'homme le plus heureux sur terre[8].

L'image de ce frère kényan faisant siennes sa mère et sa grand-mère du Kansas restera gravée dans le cœur d'Obama, un cœur enfin réconcilié. Le couple aura deux filles, Malia Ann, née en 1999, et Sasha, née en 2001. La famille Obama est devenue le modèle de la famille noire américaine, et cette réussite familiale rejaillit sur la popularité du candidat. Au sein de la communauté noire, de nombreuses femmes se félicitent de ce que Barack ait choisi une femme noire, alors que nombre d'hommes noirs ayant réussi épousent des femmes blanches, comme s'il s'agissait là d'une consécration sociale. Certaines s'inquiètent des conséquences : « On s'attend d'un Noir qui réussit qu'il soit avec une femme blanche, ou – au moins – claire. Le seul handicap d'Obama, qui passe si bien auprès de la communauté blanche, pourrait être que sa *First Lady* serait alors une femme bien noire... » La plupart d'entre elles se contentent d'exprimer leur gratitude :

> Comme le dit l'une de mes sœurs célibataires, ce n'était pas le discours électrisant de Obama à la convention nationale démocrate qui l'a touchée. C'était l'image d'une femme à la couleur café au lait, habillée avec classe, Michelle Obama, qui se tenait sur la plate-forme, à ses côtés, saluant la foule. Les femmes noires avaient besoin d'assister à ce moment. Le fait que cet homme métis, diplômé de Harvard, qui a été élevé dans une famille blanche, ait choisi une *Brown sugar sister* comme épouse a réconforté les femmes noires dans tout ce pays[9].

L'image de stabilité familiale est un atout pour le candidat : « Nous l'aimons pour cela. Lui, sa femme, et leurs deux enfants, représentent une image rarement vue sous les projecteurs nationaux : une famille noire intacte et aimante. » Les Obama sont aujourd'hui LA famille africaine-américaine (« *the African-American*[*] *First Family* »). Si cette situation fait l'objet d'une

---

[*] La façon dont on désigne les Noirs américains, descendants d'esclaves, n'est pas indifférente. À partir des années 1960, le mot *Black* remplace, chez les leaders noirs, le terme de *Negro*. Aujourd'hui, le terme de *Afro-American*, et plus encore celui de *African American* mettent l'accent sur les origines de cette communauté. Une controverse entoure ce dernier terme depuis que des immigrants africains, qui sont de plus en plus nombreux à entrer aux États-Unis, l'interprètent au sens strict, étant africains et, pour la plupart, de nationalité américaine.

attention particulière, c'est qu'elle contraste avec la réalité. En 1995, un peu moins de 36 % des enfants noirs vivent avec leurs deux parents. 54 % vivent avec leur mère seulement, 3 % avec leur père et 7 % avec leurs grands-parents. Certains chercheurs insistent sur le statut socio-économique. Les hommes craignant d'avoir un prestige social inférieur à celui de leur partenaire, le chômage chez les hommes noirs et les bas revenus ne faciliteraient pas la constitution d'une famille stable. D'autres soulignent que les femmes noires sont éduquées pour être indépendantes et capables de subvenir seules à leurs besoins ou font état du fort degré d'incarcération chez les hommes noirs.

Tout cependant ne sera pas facile dans le couple Obama. Michelle confie ses difficultés matérielles à concilier son travail et son rôle de mère : « Avoir un emploi et s'occuper de deux petites filles, c'est fou, ce n'est pas réaliste. » Lorsqu'elle est convoquée afin d'obtenir un poste de direction à l'hôpital de Chicago, elle se rend à l'entretien avec sa poussette, n'ayant pas de baby-sitter. Sasha, sa deuxième fille, ayant heureusement dormi pendant tout l'entretien, elle obtient le poste. Alors, quand Barack lui annonce qu'il a l'intention de s'engager dans la vie publique, elle se montre circonspecte. Quand elle est tombée amoureuse de lui, celui-ci n'avait pas encore effectué sa mue politique. Il ne peut pas prétendre qu'elle l'a rencontré au sommet de sa carrière, qu'elle était prévenue des sacrifices qu'elle devrait accepter en partageant la vie d'un homme public. Michelle a conscience des conséquences de l'engagement de son mari : le temps qu'elle ne pourra plus passer avec lui, l'attention que ses filles ne recevront plus de leur père. Elle devra mettre sa propre carrière en suspens. Finalement, elle accepte. Face à ce dilemme, d'autres femmes auraient fait un choix différent. En 1996, Colin Powell, en tête dans les sondages, aurait pu devenir le premier président noir mais il avait dû renoncer, après que son épouse, Alma, l'avait sommé de ne pas se présenter, de peur qu'il ne se fasse tuer. Barack sait qu'il doit à Michelle d'avoir accepté le développement de son ambition politique en n'y ayant jamais été préparée. Lorsqu'un journaliste lui demande ce que cela fait d'être la femme d'un politique, elle répond que « c'est dur » et ajoute avec un léger sourire : « Et c'est pour cela que Barack est un homme si reconnaissant. » Il confie lui aussi des tensions au sein de leur couple, au moment où il lui annonce qu'il entend briguer l'investiture démocrate pour la présidence : « Je ne pense pas l'avoir fait changer d'avis mais je pense qu'elle a commencé à reconnaître que le message que je faisais passer avait de la valeur. Je me plais à penser que ce qui a aidé en partie à diminuer les tensions entre nous était mon écoute attentive de Michelle et la certitude qu'elle avait que je la comprenais et que je n'ignorais pas ses plaintes légitimes ». Michelle évoque la manière dont elle a surmonté cette crise et accepté les ambitions de son mari :

> Le fait que Barack ne soit pas celui qui m'aide avec les petites et de ne pas avoir du temps pour moi m'importe moins [...] Barack est unique, et je veux bien le partager. Si nous pouvons avoir de meilleures écoles, une meilleure assurance-maladie, aider les mères qui triment et nous remettre sur le droit chemin sur le plan international, alors tout cela ? Je peux le gérer[10].

Ni l'un, ni l'autre ne savent encore si tous ces sacrifices en valent la peine. En attendant, comme le confie avec humour Barack, ils entendent maintenir une certaine normalité : « C'est quelqu'un qui est fier de mes réussites et qui me soutient dans tout ce que je fais, tant que je continue à sortir les poubelles et à lire des histoires aux enfants le soir. »

3

L'apprentissage de la politique 1996-2004

À 35 ans, Barack Obama a soif de changer les choses. Pour cela, il lui faut, en plus d'enseigner la loi, prendre part à son élaboration. L'occasion se présente quand un siège devient vacant au sénat de l'Illinois, dans la 13ᵉ circonscription du South Side de Chicago. Celle-ci comprend le quartier universitaire de Hyde Park, où il donne ses cours, et certains des quartiers les plus pauvres de Chicago. Avant de lancer sa campagne, il met les choses au clair avec Michelle, qui est sceptique sur son engagement politique. Elle avouera plus tard dans un entretien : « Je lui ai dit : "Je t'ai épousé parce que tu es mignon et intelligent, mais c'est la chose la plus absurde que tu aurais pu me demander de faire." Heureusement pour nous tous, Barack n'était pas aussi cynique que moi. » Il sait que les sacrifices liés à la vie politique seront partagés par sa famille. Il y a la vie quotidienne qui, sans carrière politique, est déjà chargée. Il y a aussi les questions d'argent. Pour survivre financièrement à cette campagne, les Obama devront demander un second emprunt immobilier sur leur appartement. Fort du soutien de Michelle, de l'appui de ses amis et collègues à l'université, il lance sa campagne, dans la circonscription où il s'était engagé comme animateur social dix ans auparavant. Il fait alors ce que tout candidat doit faire : parler à quiconque veut bien l'écouter, se rendre à toutes sortes de réunions publiques. Mais, déjà, il se fait remarquer par l'énergie qu'il met à la tâche. En quelques semaines, il connaît tous les commerçants, a visité toutes les églises et tous les salons de coiffure. Ce travail de terrain va porter ses fruits. Il est élu sénateur d'État de l'Illinois. On est en 1996. Sa carrière politique est lancée.

Un début de carrière au sénat de l'Illinois

Sans aucune expérience politique, Obama arrive à Springfield, siège du sénat d'État. Progressiste dans une ville – et une assemblée – à majorité conservatrice, il comprend très vite que la politique est un sport de contact, mais « ni les coups de coudes, ni les coups par-derrière », comme il le confiera plus tard, ne semblent le déranger. Sa première rencontre avec les vétérans du sénat est marquée par la méfiance, comme le précise dans un article du *New Yorker* Kirk W. Dillard, un sénateur républicain qui deviendra son ami : « Beaucoup étaient réticents face à sa beauté, sa capacité à bien tourner ses phrases et son intelligence. Le fait qu'il a été professeur de droit constitutionnel, diplômé de Harvard, a fait lever les yeux au ciel à beaucoup de membres de l'assemblée. » Mais Obama parvient à se faire apprécier. Il convainc par sa force de travail et sa probité. Son sens du compromis est salué par ses adversaires. Durant les six premières de ses huit années passées au sénat, alors qu'il fait partie de la minorité, il amende avec succès les projets de lois des républicains, notamment sur l'accès à la propriété des familles à bas salaires. Abner Mikva, juge à la Cour d'appel fédérale, affirme qu'« il est incroyable qu'un petit nouveau ait pu accomplir autant de réformes ». En janvier 2003, lorsque les démocrates reprennent le contrôle du sénat local, le rythme s'accélère. Nommé président de la Commission de la santé publique et des services sociaux, il fait passer vingt-six projets de lois dès la première année : extension de la couverture médicale aux plus démunis, obligation pour les compagnies d'assurance de rembourser les mammographies, création d'un programme pour l'éducation des enfants en bas âge, etc. Il fait de l'Illinois l'un des États à la pointe en termes de financement des campagnes électorales (fixation de limites aux contributions, transparence des fonds, etc.).

Le sénateur de l'Illinois préfère les petites victoires à la défense de grands idéaux qui ont peu de chance de voir le jour. Il refuse de se prononcer contre la peine de mort par principe et répète qu'il existe des circonstances exceptionnelles où le crime est si horrible, tel le meurtre et le viol d'enfants, que la société peut légitimement recourir à la sentence capitale. Néanmoins, Obama reconnaît que la peine de mort n'est pas dissuasive. Les cas de peine capitale dans l'Illinois avaient été marqués par de nombreuses erreurs, dues à des procédures policières douteuses. Suite à la disculpation de treize condamnés à mort, le gouverneur républicain, George Ryan, avait ordonné un moratoire sur les exécutions. Donnant des gages à ses collègues inquiets d'être qualifiés de laxistes, ainsi qu'aux opposants à la peine capitale, Obama propose un consensus. Durant plusieurs semaines, il organise des dizaines de réunions. Au lieu de débattre sur des questions idéologiques, il parvient à mettre tout le monde d'accord sur un principe : « Aucun innocent ne devrait finir dans le couloir de la mort, et aucun coupable d'un crime majeur ne devrait être libre. » Et de convaincre les représentants de la police et les procureurs de la nécessité d'enregistrements vidéos, tout aussi utiles pour « condamner les coupables » que pour « sauver un innocent ». La proposition de loi portée par Obama est approuvée en 2003, faisant de l'Illinois le premier État rendant obligatoire l'enregistrement vidéo des interrogatoires de personnes accusées des crimes les plus graves.

Obama livre sa méthode, faite de pragmatisme : « Un bon compromis, une bonne législation, c'est comme une belle phrase. Ou un beau morceau de musique. Tout le monde peut le reconnaître. Ils se disent : « Oh ça marche. C'est sensé. » Cela n'arrive pas souvent en politique, mais ça arrive. » Cependant ses positions médianes, en mesure de réunir les deux camps, lui valent parfois l'hostilité de tous. À l'occasion de son élection au Sénat des États-Unis, il sera à la fois critiqué par un candidat rival en faveur de l'avortement lors des primaires démocrates et par un adversaire républicain contre l'avortement lors des élections générales. En cause : ses tergiversations, lors d'un vote sur l'avortement à un stade avancé de grossesse où il avait voté « présent » plutôt que « oui » ou « non ».

Dix-sept minutes pour se faire un nom

Pour passer du statut d'homme politique local à celui d'homme politique national, Obama sait qu'il doit s'insérer dans les réseaux d'influence à Washington. Vernon Jordan, ancien membre de l'équipe de transition présidentielle de Bill Clinton après l'élection de 1992, l'invite à l'occasion d'une collecte de fonds à son domicile. C'est son intronisation dans la capitale fédérale. Il se met à fréquenter les lieux où il peut espérer obtenir le soutien de mentors ou de lobbyistes. Gregory Craig, un célèbre avocat qui avait assuré la coordination de la défense de Bill Clinton, se souvient de lui et confie au *Harper's Magazine*: «J'aimais son sens de l'humour et l'assurance qu'il affichait, surtout en tant que sénateur d'État, lors des discussions sur des questions nationales. Être en sa présence avait un effet positif. [...] Il ne change pas sa façon d'être en fonction des gens, mais il a une façon de prendre position sans vous contrarier.» Lors d'une collecte de fonds au moment des primaires démocrates, Obama fait la rencontre qui va déterminer son avenir: John Kerry, impressionné par le discours qu'il prononce à cette occasion, le contacte quelques mois plus tard pour lui demander de parler à la Convention démocrate de Boston. Le 27 juillet 2004, Obama tient l'occasion de sortir de l'anonymat. Il ne s'agit pas d'un simple discours aux délégués, comme il l'avait pensé dans un premier temps, mais bien du discours-programme (le traditionnel *keynote speech*), retransmis par trois réseaux de diffusion et que les chaînes câblées et du satellite vont rediffuser dans le monde. En 1988, un autre homme politique inconnu avait été désigné pour faire le discours-programme. Il s'agissait de Bill Clinton.

Avant de prendre la parole, seul dans une salle aux côtés de sa femme, Obama lui confie sa nervosité: «Elle m'a serré très fort dans ses bras, m'a regardé droit dans les yeux et a dit: «Ne gâche pas tout, mon pote!» Il n'a rien gâché. Il prononce un discours de dix-sept minutes, un discours qui enflamme les délégués d'un parti en mal d'orateurs. Il fait d'abord l'apologie du rêve américain, en mettant en jeu ses origines familiales:

> Mon père était un étudiant étranger, qui est né et qui a été élevé dans un petit village du Kenya. Dans son enfance, il surveillait les chèvres et l'école où il allait était une petite cabane au toit de tôle. [...] À force de travail et de persévérance, mon père a obtenu une bourse pour étudier dans un pays magique, l'Amérique, qui avait déjà brillé comme modèle de liberté et de réussite pour tant de personnes qui avaient choisi cette terre avant lui. Et pendant qu'il faisait ses études, il a rencontré ma mère. Elle était originaire d'une petite ville du Kansas, de l'autre côté du monde. Pendant une grande partie de la période de Dépression, son père avait travaillé sur les derricks et dans des fermes. Un jour après l'attaque de Pearl Harbor, mon grand-père s'enrôla dans l'armée de Patton. [...] Et ma grand-mère, à la maison, élevait leur bébé et travaillait sur une chaîne de montage d'un bombardier. [...] Et eux aussi avaient de grandes ambitions pour leur fille. Un rêve commun, né de deux continents. Mes parents ne vivaient pas seulement un amour improbable. Ils avaient une foi inébranlable en cette nation et les possibilités qu'elle offrait. Ils m'ont donné un nom africain – Barack ou « l'enfant béni » – car ils étaient convaincus que dans une Amérique tolérante, mon nom ne constituerait pas une entrave à ma réussite[1].

Il en appelle ensuite à l'unité de tous les Américains, dénonçant la politique de division de George W. Bush. Si nous vivons dans un monde dangereux où « la guerre doit être une option », elle ne doit pas cependant « être la première option ». Et d'évoquer avec émotion les soldats tués lors de cette guerre :

> Quand nous envoyons nos jeunes hommes et nos jeunes femmes vers le danger, nous avons le devoir absolu de ne pas falsifier les chiffres et de ne pas cacher la vérité sur les raisons de leur départ, de subvenir aux besoins de leur famille pendant leur absence, d'assister les soldats à leur retour, [...] de gagner la guerre, préserver la paix et mériter le respect du monde.

La notion de solidarité occupe toute la seconde partie du discours. Il y a une responsabilité des uns envers les autres au sein de la « famille américaine » :

> S'il y a un enfant du quartier sud de Chicago qui ne sait pas lire, cela me concerne, même si ce n'est pas mon propre enfant. S'il y a une personne âgée quelque part qui n'est pas en mesure de payer ses médicaments et qui est obligée de faire un choix entre ses médicaments et son loyer, cela m'attriste même si ce n'est pas un de mes grands-parents. S'il y a une famille arabo-américaine qui se fait rafler sans bénéficier d'un avocat ou d'un procès équitable, cela menace mes libertés civiques.

En guise de clôture, il revient sur son histoire personnelle, évoquant « l'espoir d'un enfant maigrichon qui porte un nom bizarre et qui croit qu'il a aussi sa place en Amérique ». Tonnerre d'applaudissements. Dans les heures qui suivent, les critiques qualifient sa prestation de « fascinante » et « phénoménale ». *Time Magazine* évoque l'un des meilleurs discours dans l'histoire des Conventions, et même le magazine conservateur *National Review* déclare que « ce discours simple et puissant » méritait « l'accueil chaleureux » qu'il a reçu. La réception enthousiaste à la Convention et la large couverture offerte par les médias nationaux lui ouvrent la voie de la célébrité. Du jour au lendemain, Obama s'est révélé à l'Amérique.

Du local au national

Pour réussir en politique, il faut être capable de surmonter ses échecs. Le jeune sénateur d'État avait déjà essayé de se faire élire au niveau national. En 2000, quand il cherche à se faire désigner aux primaires démocrates pour être candidat à la Chambre des représentants des États-Unis, il est balayé avec 30 % des voix contre 61 % à Bobby Rush, le titulaire démocrate sortant. On lui reproche alors son absence lors d'un vote sur la régulation des armes, alors qu'il était à Hawaï pour rendre visite à sa grand-mère. La mesure avait été rejetée de peu, et Obama avait dû se justifier : « Je prends mes responsabilités législatives très au sérieux. Mais il arrive un temps où ma famille passe avant tout. » Après la défaite, un journaliste de Chicago s'interroge : « Est-ce qu'Obama est mort ? » Il semble avoir sa réponse un an plus tard : « Personne n'allait élire quelqu'un du nom d'Obama après le 11 Septembre. » Pourtant, en janvier 2003, quand le sénateur républicain Peter Fitzgerald annonce qu'il prend sa retraite, Obama se lance dans la course. Les autres candidats démocrates semblent plus qualifiés que lui. Dan Hynes a le soutien du parti démocrate de l'Illinois et des syndicats locaux. Blair Hull, homme d'affaires fortuné, est prêt à dépenser 29 millions de dollars pour sa campagne quand Obama ne peut compter que sur quatre employés travaillant dans un petit bureau. S'il est en mesure de gagner dans sa circonscription, peu d'experts politiques lui voient une chance dans les zones rurales et les petites villes du sud de l'État où, comme le suggère un journaliste, « la réaction courante face à une personne de couleur est de remonter les vitres de sa voiture ».

Mais c'est sur ces terres rurales du centre et du sud de l'État qu'Obama va faire campagne avec le plus de vigueur, attirant quelques fermiers autour d'une tasse de café, puis dans des salles combles. Il ne s'avoue pas vaincu non plus dans les zones résidentielles à majorité blanche où on lui a promis une sévère défaite : « Il y a vingt ans, si j'avais dit qu'il y aurait des panneaux avec des photos d'un Africain Américain, qui avait un nom de famille africain, affichés partout dans ma circonscription du nord-ouest de Chicago, les gens m'auraient fait passer un test pour savoir si je me droguais », affirme un élu local. Pour gagner, Obama va également pouvoir compter sur la chance. Le richissime Blair Hull, en tête dans les sondages une semaine avant l'élection primaire, voit sa popularité s'effondrer après une affaire de violence conjugale. Le 16 mars 2004, à la surprise générale, Obama arrive en tête des sept prétendants à l'investiture démocrate, avec 53 % des votes. Commence alors la campagne générale qui l'oppose au grand espoir du parti républicain, Jack Ryan. Deux mètres et un physique d'acteur hollywoodien[2], Ryan engage Scott Howell, un consultant en communication connu pour ses coups bas, et un jeune homme chargé de suivre Obama, caméra au poing. Cette stratégie agressive se retourne contre le candidat républicain. Son propre camp se montre indigné quand Obama révèle que le caméraman a enregistré des conversations téléphoniques privées avec sa femme et ses enfants. Habilement, Obama tourne l'affaire à son avantage, affirmant que c'est justement le genre de pratique qu'il veut changer. Il bénéficie, une nouvelle fois, de circonstances extérieures. Le 25 août, Ryan doit se retirer de la course après que la presse a révélé les détails de son divorce avec l'actrice Jeri Ryan *(Boston Public)* qui reproche à son ex-mari de l'avoir forcée à fréquenter des clubs échangistes. Suite à ce fiasco, les républicains choisissent un remplaçant, Alan Keyes. Désigné trois mois seulement avant le vote, celui-ci n'a plus assez de temps pour organiser une campagne digne de ce nom. De plus, sa crédibilité est douteuse. Sans lien avec l'Illinois, il réside dans le Maryland, alors qu'il avait, en 2000, dénoncé le parachutage d'Hillary Clinton dans l'État de New York. Qualifiant les positions d'Obama de « marxistes, socialistes et diaboliques », il critique aussi son propre camp, déclarant que la fille du vice-président Dick Cheney et les autres lesbiennes et homosexuels sont des « hédonistes égoïstes ». Ces propos outranciers l'éloignent un peu plus des électeurs de l'Illinois, traditionnellement modérés.

Obama ne se contente pas de profiter des circonstances. Il mène une campagne intelligente, s'attelant à réconcilier les démocrates autour de sa candidature. À Springfield, il se rend à un meeting de la AFL-CIO, le syndicat qui a soutenu l'un de ses adversaires lors des primaires. Vingt-cinq hommes blancs sont assis dans la pièce, représentant les métiers du bâtiment, les syndicats de peintres en bâtiments, les charpentiers. Obama semble tous les connaître. Il fait un discours bref, dénonçant la politique de Bush : 200 000 emplois perdus dans l'Illinois, le droit de grève sérieusement menacé… Mais il ne se contente pas de ce que les syndicalistes veulent entendre, défendant le libre-échange auprès d'un auditoire traditionnellement protectionniste. Un peu plus tard, à ceux qui s'inquiètent de lui voir prendre ces risques, il répond : « Tous ces gars portent des Nike et achètent des stéréos Pioneer. Ils ne veulent pas que les frontières soient fermées. Ils veulent juste s'assurer que leurs familles ne seront pas détruites. » Il s'efforce de fédérer au-delà de son propre camp. Les deux grands quotidiens de Chicago – le *Chicago Tribune* et le *Chicago Sun-Times* – l'appuient avec enthousiasme, tout en étant en désaccord avec lui sur de nombreux sujets (comme son opposition à la guerre en Irak). Le 2 novembre 2004, Obama gagne avec plus de 70 % des voix contre 27 % à son adversaire. C'est la victoire la plus écrasante de l'histoire électorale du Sénat américain. Tout lui sourit désormais. Avec la réédition de ses mémoires, devenu best-seller, il reçoit une avance de 1,9 million de dollars pour écrire trois autres livres. Il peut rembourser ses prêts étudiants et achète une maison à Hyde Park. En janvier 2005, il arrive avec sa femme dans un hôtel à Washington, quelques heures avant de prêter serment en tant que nouveau sénateur des États-Unis. Michelle lui rappelle le plan qu'il avait échafaudé au début de sa campagne : d'abord gagner les primaires, ensuite gagner l'élection, puis écrire un livre. Ils sortent de l'ascenseur. Elle le regarde dans les yeux : « Je n'arrive pas à croire que tu y sois vraiment arrivé. »

Les leçons d'une victoire

Si Obama est le troisième Noir à siéger au Sénat depuis l'époque de la Reconstruction (fin du XIXe siècle), l'analyse précise des résultats incite à sortir des interprétations traditionnelles. Le jeune sénateur a convaincu bien au-delà de la communauté afro-américaine. La vue de fermiers blancs portant des badges « Obama » et attendant pour lui serrer la main a étonné les observateurs. Le président du sénat de l'Illinois, Emil Jones Jr., ne s'est toujours pas remis de ce jour où il accompagnait son jeune collègue dans le sud de l'État : « Une petite femme âgée est venue vers moi : « J'ai 86 ans. J'espère que je vais vivre assez longtemps pour que cet homme devienne président et je veux être capable d'aller voter pour lui. » C'était une petite femme âgée blanche ! C'était étonnant. » Noam Scheiber estime que ce qui fait d'Obama un candidat séduisant pour les Blancs est son héritage « exotique » mais « non menaçant », qui le distingue de l'image stéréotypée que l'Américain moyen se fait des Afro-Américains. Il n'apparaît pas trop marqué idéologiquement. Quand on lui demande s'il est libéral (progressiste) ou centriste, il répond qu'il est trop complexe pour qu'on lui colle une étiquette : « J'aime à penser que je suis au-dessus de tout cela. Dans le sens où je n'aime pas la manière dont ces catégories sont définies. » De là, sa capacité à rallier des électeurs issus de tous les horizons politiques. D'après les sondages effectués à la sortie des bureaux de vote, quatre électeurs sur dix qui se disent proches du parti républicain ont voté pour lui. Obama a fait beaucoup mieux que le candidat à la présidence John Kerry parmi de nombreux groupes d'électeurs : les « républicains », les « conservateurs », et même les « habitants des zones rurales ». Il ne s'est pas pour autant aliéné le vote des Afro-Américains : neuf sur dix ont voté pour lui, alors que son adversaire était noir lui aussi.

Obama tire les leçons de sa victoire : « Les gens pensaient que dans une nation aussi divisée que la nôtre, il n'était pas possible qu'un homme de mon apparence puisse aspirer à un poste au Sénat des États-Unis. Ils pensaient que dans une nation craintive, quelqu'un s'appelant Barack Obama ne pourrait jamais espérer gagner une élection, et pourtant nous sommes là[3] ». Obama s'est assuré une des rares victoires dont les démocrates peuvent se vanter en cette année 2004 : échec aux présidentielles, perte de sièges dans les deux chambres du Congrès... Sa victoire est un modèle du genre. Il a su tirer parti de sa défaite à la Chambre. S'il était devenu représentant en 2000, il n'aurait probablement pas brigué le Sénat, plus prestigieux encore. Sans échec, point de victoire. Il a aussi exploité sa chance, sans pour autant attendre les erreurs de ses adversaires. À l'aube de sa nouvelle vie, il reconnaît l'influence du destin : « Nous avons eu des périodes de chance lors de cette campagne. Il n'y a aucun doute là-dessus. Et je ne me fais pas d'illusion en supposant que tout le monde dans l'Illinois est d'accord avec moi sur tous les points. Mais je pense que ce que nous avons montré, c'est que nous pouvons être en désaccord sans être ennemis. »

4

Sénateur des États-Unis

Obama prête serment le 5 janvier 2005. Dès le premier jour, les appariteurs lui réclament des autographes. Il n'a pas encore siégé qu'on lui demande déjà « quelle est sa place dans l'Histoire » et ce qu'il pense des badges Obama 2008. « Je n'ai encore rien fait », se défend-il. Très vite, il réunit autour de lui une équipe composée de personnes expérimentées dans le fonctionnement des institutions. Pete Rouse devient son chef de cabinet, après avoir pendant des années occupé le même poste pour l'ancien leader démocrate du Sénat, Tom Daschle. L'économiste Karen Kornbluh devient sa conseillère politique. Elle était directrice de cabinet adjointe de l'ancien ministre des Finances, Robert Rubin. Le *curriculum vitæ* de ces personnalités, qui acceptent des postes qui pourraient ne pas sembler une promotion dans le cours de leur carrière, témoigne de la confiance qu'Obama sait susciter auprès de ses interlocuteurs. En juillet, Samantha Power, spécialiste des droits de l'homme qui a reçu le prix Pulitzer, rejoint son équipe. Un article d'octobre 2005 dans le journal britannique *New Statesman* a classé Obama comme faisant partie des « dix personnes qui pourraient changer le monde ». Trois mois seulement après son entrée au Sénat américain, et de nouveau en 2007, *Time Magazine* désigne Obama comme « l'une des personnes les plus influentes dans le monde ». Durant ses trois premières années au Sénat, Obama reçoit les honneurs du département de droit de Knox College, de l'université de Massachussets de Boston, de la Northwestern University, de la Xavier University of Louisiana et de la Southern New Hampshire University. Il a accepté une somme de responsabilités pour le moins inhabituelle : il est à la fois membre de la commission des Relations étrangères, de la commission à la Santé, à l'Éducation, au Travail, aux Retraites, à la Sécurité nationale, aux Anciens combattants.

Les premières initiatives

Par son habileté législative, sa capacité à concilier les points de vue opposés, Barack Obama, plutôt que celle de John Kennedy, rappelle la méthode de l'ancien président Lyndon Jonhson (1963-1968). Cette aptitude à créer des coalitions bipartisanes est déterminante pour qui veut être un jour président des États-Unis. Un pays qui ne connaît pas – contrairement à la France – la discipline des partis, et où le chef de l'exécutif est en constante cohabitation avec les législateurs. Comme beaucoup de nouveaux, Obama ne sait pas exactement comment trouver ses marques au Sénat. Mais, à la différence de beaucoup, il arrive à Washington avec un programme pour le pays. Tous les yeux sont rivés sur lui et l'espoir est particulièrement grand, notamment chez les progressistes, qui souhaitent des changements rapides. Obama prend les choses calmement. Il ne veut pas donner l'air d'« avoir les chevilles qui enflent », selon l'expression de son directeur de communication. Il décline la plupart des invitations à la télévision – trois cents sollicitations chaque semaine – et se concentre sur quelques axes, qui forment l'ossature de son travail législatif.

Dès son arrivée à Washington, Obama fait de la prévention de la grippe aviaire sa priorité : « Quand vous avez passé du temps dans un pays du tiers-monde, en particulier l'Asie, vous savez à quel point les gens vivent aux côtés de leurs animaux d'élevage. [...] Ces maladies se répandent car les personnes ne disposent pas des moyens des pays développés pour séparer les animaux d'élevage des propriétaires. » Au moment où il s'exprime, la grippe aviaire a déjà tué quatre personnes en Indonésie, où le sénateur a passé cinq années de son enfance et dont sa propre sœur est originaire. En avril 2005, il présente au Congrès la première législation liée à la grippe aviaire. Il dénonce la politique de Bush, notamment le manque de moyens et de coordination. Il rappelle que le Japon, l'Angleterre et la France ont stocké assez de traitements antiviraux pour plus d'un quart de leur population, tandis que les États-Unis n'en ont que pour seulement 2 %[1].

Sur la politique de défense, Obama s'associe au sénateur Richard Lugar, pour faire des États-Unis le pays leader en matière de non-prolifération. S'inspirant de la loi Nunn-Lugar visant à démanteler les armes nucléaires de l'ancienne Union soviétique, la loi Lugar-Obama a pour objectif de dégager des fonds pour renforcer le programme américain contre les missiles antiaériens légers non sécurisés. Selon les estimations du Département d'État, plus de quarante avions civils auraient été touchés par de telles armes depuis les années 1970. Des gouvernements étrangers avaient déjà sollicité l'aide des États-Unis pour éliminer leur stock de missiles antiaériens légers et des millions de tonnes d'excès en armes et de munitions. Mais la faiblesse des budgets avait mis un frein à cette initiative. La législation initiée par Obama exige que l'administration réunisse les programmes éclatés du Département d'État en créant un organisme unique destiné à réduire la menace des armes conventionnelles. Un autre point de sa législation vise à renforcer les dispositifs des alliés des États-Unis pour intercepter les expéditions illégales d'armes de destruction massive. Il s'agit de constituer un réseau international visant à détecter ces armes en transit et à les supprimer.

L'un de ses objectifs principaux est de moraliser la vie politique. Les intérêts personnels ne doivent pas pouvoir influencer l'action publique. Le 4 janvier 2007, premier jour du 110ᵉ Congrès, Obama écrit un éditorial dans le *Washington Post*, dans lequel il réclame la fin « de toutes les pratiques qui pourraient conduire le public à penser qu'un fonctionnaire puisse être sous l'influence d'un lobby[2] ». S'associant au sénateur Russ Feingold, il porte le *Legislative Transparency and Accountability Act* de 2006 qui renforce les restrictions de voyages offerts aux législateurs par des compagnies de jets privés. Ou bien encore le Federal Funding Accountability and Transparency Act de 2006, aussi appelé « Coburn-Obama Transparency Act », *qui* prévoit, à partir de 2008, que tout financement fédéral accordé à un groupe ou à une organisation sera publié sur un site Internet avec le montant et le but recherché. Il appuie également une proposition de loi destinée à criminaliser certaines pratiques lors des élections fédérales (pression téléphonique, etc.) et à lutter contre la corruption, qui entame la confiance de l'opinion à l'égard de ses représentants. Cette moralisation ne concerne pas qu'un seul parti. Après la victoire de son propre camp aux élections de mi-mandat, Obama fait remarquer que des compagnies commerciales se sont empressées de recruter des lobbyistes ayant des relations avec les démocrates afin d'aller dans leur sens au Congrès. Il ne faut donc pas changer les joueurs, mais changer les règles du jeu. Obama propose la création d'une Commission d'éthique non partisane et indépendante dont le but serait de surveiller les pratiques du Congrès. La Commission serait composée d'anciens juges et d'anciens membres du Congrès venant des deux partis, et elle permettrait à tout citoyen de signaler les violations d'éthique venant des législateurs, des employés ou des lobbyistes. Dès lors qu'une violation possible serait signalée, la Commission pourrait user de son autorité pour mener une enquête, assigner à comparaître, rassembler des dossiers, appeler des témoins. Elle fournirait un rapport au comité d'éthique du Département de la Justice, rapport qui pourrait être consulté par tous les citoyens.

Les voyages officiels : à la recherche d'une stature internationale

Selon son propre aveu, les origines africaines d'Obama expliquent que son attention en politique étrangère ait été en priorité attirée par la situation de ce continent. En juillet 2005, il se rend au siège des Nations unies à New York pour évoquer la question du Darfour[3]. Depuis février 2003, au moins 180 000 Soudanais ont perdu la vie lors des massacres et plus de 2 millions de personnes ont été déracinées, dont des centaines de milliers de réfugiés dans le Tchad voisin. Obama évoque la menace d'un nouveau Rwanda. Il rencontre l'ambassadeur de Chine Wang Guangya, dont le pays, premier pourvoyeur de fonds dans l'industrie du pétrole au Soudan, est le plus réticent à appliquer des sanctions envers Khartoum. Obama réclame du gouvernement chinois qu'il fasse pression sur le Soudan afin de faire cesser les exactions des milices Janjaweed sur les populations civiles. Il rencontre également des représentants des nations membres de l'Organisation de l'Unité Africaine – Kenya, Rwanda et Sénégal – qui disposent de troupes dans la région du Darfour. L'ancien ambassadeur américain des Nations unies, Richard S. Williamson, salue la visite d'Obama à l'ONU, soulignant que « peu de membres du Congrès s'intéressent à l'Afrique ».

Cette démarche inaugure une nouvelle étape dans la carrière du jeune sénateur. Après avoir réservé ses six premiers mois au Sénat à l'étude des affaires intérieures, il entend se consacrer à sa mission de membre de la commission des Relations étrangères. Pour son premier voyage officiel, le 24 août 2005, il se rend en Russie, en Azerbaïdjan et en Ukraine aux côtés du sénateur Richard Lugar, le président de cette commission. Cette visite est centrée sur l'étude des stratégies de contrôle des armes conventionnelles et stratégiques, dans le cadre de la prévention des menaces liées aux attaques terroristes. Lugar et Obama inspectent une installation de destruction des têtes nucléaires, à Saratov, dans le sud-ouest de la Russie. En Ukraine, ils prennent part à la signature d'un pacte bilatéral pour prévenir les risques de contamination causés par le bioterrorisme.

En janvier 2006, pour son deuxième voyage officiel, Obama fait partie de la délégation du Congrès qui rencontre les troupes américaines au Koweït et en Irak, puis se rend en Jordanie, en Israël et dans les territoires palestiniens. Il rencontre des étudiants palestiniens deux semaines avant les élections législatives palestiniennes, leur affirmant que les États-Unis ne pourraient pas « reconnaître les candidats vainqueurs du Hamas à moins que celui-ci ne renonce à détruire Israël ». Hostile, avant même qu'elle ne débute, à une guerre qu'il juge « irréfléchie », Barack Obama estime que « les coûts, en termes de vies et de ressources, sont trop élevés et ne sauraient équilibrer les bénéfices que nous faisons en Irak[4] ». Il ne se dit pas pacifiste, considérant que la guerre est parfois nécessaire. La guerre de Sécession, la Seconde Guerre mondiale, ont été des guerres utiles : « Je ne m'oppose pas à toutes les guerres. Je m'oppose aux guerres stupides. » Il s'en prend aux arguments de Bush, qui qualifie d'« antipatriote » quiconque s'oppose à sa politique. Déplorant les attentats quotidiens à Bagdad, il n'hésite pas à évoquer le « chaos » irakien. Pour lui, la politique de l'administration républicaine a totalement échoué : « La guerre a augmenté le nombre de recruteurs pour le terrorisme, la situation se dégrade en Afghanistan où Ben Laden n'a pas été capturé. » Obama déplore également l'utilisation politique que les républicains font de la lutte contre le terrorisme, certains d'entre eux ayant accusé les démocrates d'être « complaisants à l'égard de nazis ». Ces manœuvres d'intimidation rappellent selon lui les pires heures du maccarthysme.

Obama part pour un troisième voyage officiel en août 2006, visitant le Kenya et l'Afrique du Sud, faisant des escales à Djibouti, en Éthiopie et au Tchad. Quand il arrive à l'aéroport international Kenyatta de Nairobi, accompagné de sa femme et de leurs deux filles, l'ambassadeur américain vient à leur rencontre. Une foule porte des tee-shirts floqués à son nom et chante « *Come to us, Obama !* » lorsqu'il se rend sur le site de l'attentat à l'ambassade américaine de Nairobi. Prenant le train de nuit, Obama et sa famille se rendent dans la province de Nyanza, dans l'Ouest rural, un paysage immortalisé par Hemingway dans *Les Vertes Collines d'Afrique*. Les Luo le considèrent d'emblée comme l'un des leurs. « Même si j'ai grandi de l'autre côté du monde – dit Obama aux villageois auxquels il a rendu visite dix-neuf ans plus tôt –, je ressens l'esprit de ce peuple qui m'a dit que j'en faisais partie. » À Kogelo, le petit village où son père et son grand-père ont été élevés, il accepte les hommages avec humilité : « Je suis le sénateur de l'Illinois, et non le sénateur de Kogelo[5]. » Afin de sensibiliser la population au problème posé par le sida, il fait avec Michelle un test de dépistage dans une clinique kényane. Lors de sa conférence de presse, à l'université de Nairobi, il affirme vouloir « montrer aux Américains que le continent se résume à bien plus que des safaris ». Il rend hommage à l'esprit civique de la population kényane, et se félicite du système multipartite. En revanche, il critique la place que tiennent les rivalités ethniques dans le débat public kényan, affirmant que sa propre élection prouve que les Américains ne déterminent plus leur vote en fonction de l'appartenance raciale. Il dénonce également la corruption, qui est un frein pour l'investissement étranger dans le pays.

Ces propos provoquent un très vif débat. Certains se félicitent de cette dénonciation ferme du tribalisme et de la corruption. D'autres critiquent Obama, affirmant qu'il n'a pas parlé en tant que Kényan, mais comme le représentant d'une faction, hostile au président Kibaki, ce dernier appartenant au groupe ethnique dominant, les Kikuyu. Le porte-parole du président, Alfred Mutua, estime que le sénateur américain n'est qu'« une marionnette entre les mains de Raila Odinga », le leader de l'opposition luo. L. Muthoni Wanyeki, directrice du African Women's Development and Communication Network, se félicite de ce qu'Obama ait été clair « sur ce qu'il pouvait et ne pouvait pas faire ». Prenant le sénateur au mot, elle le charge d'un message pour l'Amérique : « Nous n'aimons pas l'habitude des Américains à prendre des décisions unilatérales et la façon dont ils ébranlent l'autorité mondiale au sein de laquelle nous avons notre mot à dire. » Fatoumata Touré, du Global Pan African Movement, voit dans l'histoire d'Obama une allégorie des relations entre l'Afrique et sa diaspora :

L'histoire de son père est celle des Kényans ayant travaillé dur pour une meilleure éducation à l'étranger et à qui l'on nie le droit à un mode de vie décent [...]. Des frontières dans la tête, on nous dira de ne pas aller « là-bas », de rester dans le pays où l'on a ses racines[6].

Pour ou contre, tous sont étonnés par le fait qu'un homme qui n'est allé au Kenya que deux fois auparavant puisse susciter une telle émotion. Mais l'ampleur de ces réactions est à l'image de ce qui se passe aux États-Unis, depuis le début de sa carrière politique. Quelques mois après le voyage, Obama annonce qu'il soutient la démarche du Kenya visant à demander la restitution de centaines d'objets de musée. Il est le premier homme politique américain à affirmer la nécessité de respecter le patrimoine historique et la richesse culturelle des pays longtemps dominés par l'Occident. Ces visites et ces prises de position en matière de politique étrangère lui ont permis d'affirmer son image d'homme d'État, et de corriger les critiques visant son inexpérience.

La star du Sénat

L'engouement autour d'Obama tient à bien autre chose qu'à un bilan objectif. En quelques mois, il a fait la une de tous les journaux et a été présenté par de nombreux journalistes comme l'une des personnalités politiques les plus charismatiques du pays. En couverture du *Time Magazine* du 23 octobre 2006, le titre en lettres capitales disait « *The Next President* », tandis que les mots « *Why He Could be* » étaient en plus petits caractères. Un article y comparait Obama à un « arc-en-ciel », un événement si soudain qu'il provoque l'admiration et le ravissement.

Salim Muwakkil, rédacteur en chef *In These Times* et chroniqueur pour le *Chicago Tribune*, plaisante sur l'extraordinaire ascension d'Obama, qui défierait toute logique :

> Un astrologue local a expliqué le phénomène en soulignant un alignement céleste propice dans les cartes de Obama. Peut-être que l'astrologie est ce qui peut le mieux expliquer son ascension fulgurante. Après tout, quels spécialistes rationnels

auraient pu prédire qu'un candidat noir appelé Barack Hussein Obama deviendrait un sénateur US et un candidat légitime à la présidence en temps de guerre contre le terrorisme[7] ?

Plus sérieusement, un journaliste distingue l'attitude des Noirs, affichant « une fierté intériorisée quand ils le croisent, d'un petit mouvement de tête semblant dire : "fais attention à toi" » et celle des Blancs, « totalement hystériques ». Selon Shelby Steele, spécialiste des questions raciales, les Blancs lui seraient reconnaissants « de ne pas rabâcher des discours sur la culpabilité », comme l'ont fait avant lui les leaders afro-américains. Le critique de cinéma David Ehrenstein, dans un article du *Los Angeles Times*, explique la popularité d'Obama auprès des Blancs en la comparant aux rôles de « nègres magiques » des films de Hollywood, destinés à faire « déculpabiliser les Blancs[8] ».

Pour d'autres, l'enthousiasme tiendrait au glissement à droite d'Hillary Clinton, qui contrasterait avec la personnalité d'Obama, jugée plus sincère. En juin 2005, un sondage, mené dans les cinquante États, le désigne comme le sénateur le plus populaire de la nation, avec 72 % d'approbation[9]. Une lettre de lecteur réagit à l'article d'un journaliste, qui rendait hommage à Robert Kennedy :

> S'il avait vécu et était devenu président, des choses telles que les bombardements au Cambodge, le Watergate, l'opposition à l'Iran, les scandales, et cette administration atroce de Bush auraient pu ne jamais faire partie de notre histoire. [...] Je propose de jeter un œil sur le nouveau sénateur de l'Illinois, Barack Obama. Depuis que je l'ai vu lors du discours de la Convention nationale démocrate, j'ai senti que dès que l'Amérique se réveillera de sa stupeur actuelle, ce qu'elle est certainement en train de faire, Obama pourrait être celui qui nous guidera le long de la route que nous avons oublié de suivre depuis si longtemps[10].

Harold Ickes, conseiller de campagne d'Hillary Clinton en 2000, reconnaît qu'Obama permet d'aborder des questions qui « ont été mises de côté au cours de ces deux dernières décennies parmi les démocrates progressistes », comme la pauvreté et la redistribution des richesses. Certains expliquent la popularité d'Obama en utilisant l'image du test de Rorschach *(psychodiagnostik)* : sa personnalité serait suffisamment ouverte pour que chacun puisse y projeter sa propre histoire et ses propres espoirs[11]. Outre ses origines africaines et américaines, il rappelle dans ses mémoires que sa mère a des ancêtres amérindiens. S'adressant à un public de personnes âgées juives lors de sa campagne pour le Sénat en 2004, Obama fait un lien entre l'origine étymologique de son prénom africain Barack et le mot hébreu *baruch*, qui veut dire « béni ». En somme, Obama utiliserait la diversité de son héritage pour qu'un maximum d'électeurs puisse se reconnaître en lui[12]. Peggy Noonan, dans le *Wall Street Journal*, critique l'enthousiasme exagéré suscité par le début de carrière du sénateur, estimant que tout le talent de celui qu'elle appelle « l'homme de nulle part » est précisément de créer un « sentiment d'inconnu » *(unknowability)*[13]. Plus positif, Eugene Robinson, dans le *Washington Post*, évoque un homme politique qui, refusant les alternatives trop tranchées *(either-or)*, « pourrait faire sortir la nation de ses divisions culturelles issues des années 1960[14] ». Laurence Tribe, son ancien professeur de droit constitutionnel, se félicite du fait qu'il « aborde les questions d'une manière différente de l'opposition classique gauche-droite ».

Les premières critiques

Étonnamment, les premières critiques viennent de son propre camp. Un éditorialiste du *Chicago Sun-Times* met l'accent sur un possible changement d'attitude de la part d'Obama, qui serait la rançon du succès : « La pire chose qui pourrait lui arriver, c'est qu'il savoure sa célébrité à tel point qu'il devienne trop prudent et réticent à agir afin de préserver sa célébrité. » Jim Cohen, spécialiste des États-Unis à l'université Paris-VIII, nous fait part de ce qu'il décrit comme une contradiction. La popularité d'Obama le contraindrait à devenir un homme politique comme un autre, alors que précisément, c'est de ce caractère atypique qu'il tient sa popularité :

> Lorsque Obama était sénateur d'État dans l'Illinois, il apparaissait aux yeux des progressistes comme un candidat très prometteur, mais maintenant qu'il est dans la course à la Maison-Blanche, on l'a conditionné à être un modèle normatif du parti démocrate. Il a fait de son mieux pour adhérer au standard commun *(mainstream)* mais au cours de ce processus, il a perdu l'authenticité qui faisait sa force.

Les conseillers politiques l'auraient transformé en un produit marketing comme n'importe quel autre aspirant à la présidence. Pour ce faire, ils auraient délibérément écarté de ses discours les sujets qu'ils ne jugeraient pas électoralement rentables. C'est ce qu'exprime Salim Muwakkil, rédacteur en chef de *In These Times*, le 2 août 2007 :

> Personne ne s'est vraiment exprimé sur la crise dans le milieu carcéral qui touche l'Amérique noire [...] ou sur tout ce qui concerne les besoins particuliers des électeurs africains-américains. Ce n'est pas une surprise dans le camp des candidats du Grand Old Party [républicains]. Cependant, il est surprenant de constater que les démocrates se sont montrés tout aussi réticents. [...] Les stratèges du parti semblent croire que les électeurs américains sont moins enclins à choisir des candidats démocrates s'ils ont le sentiment que ces candidats sont sous l'influence de leurs électeurs les plus fidèles. Beaucoup d'entre nous qui connaissons Obama espérions qu'il allait aider à mettre fin à la schizophrénie raciale des démocrates. [...] Peut-être qu'il aurait voulu faire aller au bout de ce rêve progressiste, mais des mains politiques plus expérimentées lui ont serré la bride.

Paul Street va plus loin, affirmant, dans un magazine Web destiné à la communauté noire – blackagendareport.com – qu'« Obama permet aux Blancs d'apaiser leur culpabilité et de ne pas se sentir racistes parce qu'ils votent pour un Noir, alors qu'ils veulent que rien ne soit fait pour lutter contre les injustices raciales ».

À l'inverse de cette première série de critiques, qui soulignent le danger d'un excès de prudence, d'autres estiment que l'ascension d'Obama a été trop rapide, et l'incitent à temporiser. Il doit marcher et non courir, comme l'affirme un éditorialiste. Même parmi ses supporters, on décèle ce doute concernant une ascension trop fulgurante. Une mère de famille écrit à Michelle Obama, craignant que cette aventure ne se termine comme celle de Robert Kennedy, assassiné en 1968 :

> Chère Michelle Obama,
> Comment une famille comme la vôtre peut choisir entre faire l'histoire et donner à vos filles une enfance normale ? Choisir entre le service public et le bonheur en banlieue ? […] Cela sera un sacrifice, il n'y a aucun doute. Certainement le plus grand sacrifice que peut faire une famille. Nous savons tous que cela n'impliquera pas juste les pressions habituelles liées à cette fonction ou de la vie rendue publique qui en découle, cela pourrait bien signifier ce que beaucoup pensent tout bas : le risque d'un « assassinat ». La triste vérité c'est que l'Amérique n'est peut-être pas encore prête à voir une famille noire à la Maison-Blanche. La triste vérité c'est que la décision de se présenter comme président pourrait conduire à la mort de votre mari ou de l'un des membres de votre famille. […] Je passe tout mon temps à trouver des manières de protéger mes enfants. C'est le rôle d'une mère. […] Oui, je veux que le sénateur Obama devienne quelqu'un. Je veux vous demander de le soutenir dans sa candidature pour 2008. Mais je ne peux pas vous demander de le faire pour moi. […] Quelle que soit votre décision, les mamans, à défaut des autres, comprendront et vous soutiendront. Si vous décidez de vouloir changer le monde, nous serons là agitant nos drapeaux, et nous nous souviendrons du sacrifice que votre famille a fait pour les nôtres. Si vous décidez de vous éloigner du Bureau ovale, nous mamans saurons exactement pourquoi. Pas le moindre instant, nous ne vous reprocherons de vouloir protéger votre famille[15].

Dans le camp républicain, on insiste sur l'inexpérience d'Obama. S'il décidait de se présenter et, par malheur, était élu, que vaudrait un tel président dans un monde aussi troublé ?

L'équipe d'Obama répond à ces critiques, soulignant les erreurs de jugement des conseillers de Bush, en dépit de leurs « siècles d'expérience ». Les qualités essentielles d'un dirigeant ne seraient pas l'expérience, mais le discernement et la clairvoyance.

> Lorsqu'ils ont eu l'occasion de gouverner à nouveau le pays sous George W. Bush, ils ont tous voulu finir ce qu'ils avaient commencé [sous le mandat du père], appliquant à tort de vieilles idées à de nouvelles crises, comme ceux qui détruisent une nouvelle relation amoureuse en pensant aux aspects négatifs d'anciennes relations. [...] Déterminé à dissoudre les peurs de l'Amérique de l'après-Vietnam concernant l'usage de la force, Rumsfeld a fini par créer un autre Vietnam[16].

Les attaques du camp conservateur visent également son patronyme. Des sites Web présentent comme un problème les similitudes phonétiques entre Obama et Osama, tandis qu'un leader conservateur, dans le *New York Magazine*, fait remarquer que Barack rime avec Irak. De nombreux républicains appuient sur son deuxième prénom – « Hussein », comme le dictateur irakien – lorsqu'ils parlent de lui. Robert Gibbs, le directeur en communication d'Obama, se résout à leur répondre : « On ne peut pas régler les problèmes de l'Irak en faisant campagne sur les deuxièmes prénoms des gens. » Il sait que le camp républicain est coutumier du fait. Lorsqu'elle travaillait sur la campagne de Bush senior en 1988, Loretta Lynn s'était moquée de l'ethnicité de son adversaire, Michaël Dukakis : « Pourquoi ne puis-je pas prononcer son nom ? »

Pour le meilleur et pour le pire, les yeux sont rivés sur Obama. Les critiques participent, tout autant que les nombreux éloges, à l'émergence de l'idée qu'Obama est appelé à un destin national. Celui-ci n'est plus un simple sénateur des États-Unis. Même s'il s'attelle à démentir les rumeurs selon lesquelles il se présenterait à la présidence, des journalistes eux-mêmes estiment qu'il devrait changer d'avis. Pour David Brooks, du *New York Times*, trois raisons le justifieraient[17]. D'abord, l'intérêt de son parti : il serait le mieux placé pour porter les ambitions démocrates. Ensuite, son âge : sa jeunesse aurait l'attrait de la nouveauté. Enfin, sa vision de la politique : il serait le seul à pouvoir convaincre l'opinion que l'engagement public n'est pas vain. Qu'ils soient progressistes ou conservateurs, d'accord ou non avec ses idées, nombreux sont ceux qui souhaitent une candidature d'Obama, parce qu'ils le savent en mesure de susciter l'intérêt des Américains pour le débat démocratique.

5

Obama candidat

L'élection présidentielle n'est pas une élection comme les autres. Ce n'est pas l'étape suivante d'un plan de carrière, la suite logique d'un parcours professionnel brillant ou bien une ligne de plus au *curriculum vitæ* d'un homme politique d'exception. Une campagne présidentielle n'est pas non plus une campagne comme les autres. Elle se prépare très longtemps en amont. Ce n'est pas une décision qui se prend à la légère. Et, bien que le talent et la chance jouent un rôle indéniable, le facteur le plus important est sûrement le *timing*. L'histoire américaine regorge de candidats malchanceux qui se sont présentés soit trop tôt, soit trop tard. Il faut répondre à une attente du pays. C'est une rencontre entre une personnalité et une nation. Une demi-douzaine de candidats se sont présentés pour devenir le premier président noir de l'histoire des États-Unis, de Jessie Jackson à Douglas Wilder, mais aucun n'a jamais gagné l'investiture.

Lorsque Barack Obama se présente officiellement en tant que candidat à l'investiture du parti démocrate le 10 février 2007, sa décision est mûrement réfléchie. Le sénateur Obama donne l'impression de « sortir de nulle part », émergeant sur le devant de la scène politique américaine grâce à une ascension exceptionnellement rapide, mais concourir pour la présidence n'est jamais le fait du hasard. C'est toujours le résultat d'une stratégie politique et d'une ambition de longue date. Certains candidats se préparent depuis de longues années, et certains candidats, plus opportunistes, se présentent car l'occasion est décidément trop belle et ne reviendra peut-être jamais. Aucun ne se retrouve dans cette situation sans l'avoir méticuleusement orchestrée.

La prise de décision

Certes, Barack Obama semble s'être fait tout seul. Il est arrivé au Congrès après s'être présenté dans l'Illinois contre le candidat qui avait obtenu le soutien du parti démocrate lors des élections primaires. Il s'est présenté aussi contre l'avis de certains de ses proches collaborateurs qui pensaient qu'il lui serait très difficile de devenir le seul Afro-Américain du Sénat des États-Unis et seulement le troisième élu à cette chambre depuis la Reconstruction. Sa victoire haut la main fut certainement une surprise et une superbe victoire politique. Mais Obama n'était plus vraiment un inconnu depuis son discours retentissant lors de la Convention nationale du parti démocrate de 2004. Sa performance singulière, et remarquée de tous, constitue l'amorce de son ascension fulgurante mais aussi la première pierre de la fondation nécessaire pour se présenter à l'élection présidentielle (même si l'on pourrait évoquer aussi son discours mémorable contre la guerre d'Irak au Federal Plaza de Chicago en 2002, que certains journalistes ont comparé au discours d'Abraham Lincoln contre l'esclavage à Cooper Union en 1860). Fort de cette nouvelle notoriété, Obama fait campagne pour le Sénat. La chance lui sourit lorsque ses deux adversaires républicains s'écroulent tour à tour à la suite de scandales liés à leurs vies privées. C'est un tournant important. Son avance confortable dans les sondages sera décisive pour la suite de sa carrière politique. En effet, étant pratiquement assuré de sa victoire au Sénat, Obama peut se permettre le luxe de faire campagne pour ses collègues démocrates en lice pour les législatives aux quatre coins du pays. Par sa seule présence, il fait se déplacer les foules et lever des fonds. En 2004, il sillonne le pays pour donner un coup de main à d'autres démocrates en campagne, ce qui contribue à lui construire un réseau de relations au sein du parti. Ces petits services rendus lui permettront de bénéficier d'un « retour d'ascenseur », en demandant le soutien de ces élus à l'avenir. Cette volonté de faire campagne pour d'autres est indispensable pour tisser un réseau national d'alliés et de futurs collaborateurs. En 2006, lors des élections de mi-mandat, Obama est encore plus sollicité. Avant la fin des élections, son entourage déclarait qu'il avait permis de lever quelque 6 millions de dollars pour le parti et d'autres candidats[1]. La publication et la promotion de son second best-seller en octobre 2006, *The Audacity of Hope*, lui assurent aussi une forte présence dans les médias. Obama a rassemblé autour de lui un nombre non négligeable d'élus qui lui sont redevables, ce qui s'avérera très utile le moment venu.

Car, ne nous y trompons pas, Obama a une stratégie, élaborée avec ses plus proches conseillers, dont David Axelrod, son bras droit et ami de longue date. Robert Gibbs, un ancien de la campagne présidentielle de John Kerry en 2004, est chargé de sa communication. Pete Rouse, son chef de cabinet au Sénat, était le chef de cabinet de Tom Daschle lorsque celui-ci était président du groupe démocrate au Sénat. Ils ont établi un objectif par trimestre. Le premier est consacré à l'embauche d'une équipe pour son cabinet au Sénat, le deuxième à se familiariser avec les hommes politiques de Washington, le troisième à écrire son deuxième ouvrage et le quatrième au lancement de son Political Action Committee ou PAC, organisme privé lui permettant de récolter des fonds. Tout au long de cette première année, le but est évidemment de ne pas faire trop de vagues d'un point de vue politique, mais aussi médiatique, afin de ne pas s'attirer les foudres de ses collègues qui auraient pu voir en lui un arriviste aux dents longues. Après tout, avant même son premier vote au Sénat, Obama avait fait la couverture des plus grands magazines du pays. Ce genre de célébrité peut apparaître comme dangereux dans un Sénat où pratiquement chaque élu pense qu'il est présidentiable. Son premier impératif est donc de s'occuper de ses responsabilités locales en Illinois. Ensuite, d'éviter toute controverse et d'atténuer la perception de l'opinion qu'il est un homme « très à gauche ». Et surtout, de garder ses distances avec la presse afin de contrôler son image. Au cours des trente dernières années, l'accès des journalistes aux hommes politiques s'est considérablement restreint au point que toutes les interventions de ces derniers sont calibrées et formatées pour véhiculer un message précis et surtout ne pas prononcer une parole malheureuse.

Lorsque Obama accède au Sénat, son but premier, et le plus raisonnable, est peut-être de se mettre en situation de briguer le poste de gouverneur de l'Illinois en 2010. Mais, puisque l'excitation et l'engouement qu'il suscite ne semblent pas s'estomper, il réalise qu'il a l'opportunité de viser plus haut. Très rapidement, dans le milieu démocrate, la question sur toutes les lèvres n'est plus « est-ce que Barack va se présenter à la présidentielle ? » mais plutôt « quand va-t-il se présenter : 2008 ou 2012 ? ». En janvier 2007, il met sur pied son comité exploratoire, organisme chargé d'étudier la viabilité d'une candidature potentielle. Les comités exploratoires (ou *exploratory committees*) permettent aux candidats de dépenser des fonds électoraux sans devoir dévoiler leur source. Ce n'est que lorsque le candidat se présente « pour de bon » que la législation concernant la transparence du financement des campagnes électorales entre en vigueur. Toutefois, les comités exploratoires ne sont pas qu'un stade transitoire dans le financement des campagnes. Ils servent aussi à attirer l'attention des médias. Il n'est pas rare que l'équipe de campagne d'un candidat fasse « monter la sauce » auprès des journalistes grâce à des fuites suggérant que ce dernier réfléchit à l'éventualité d'une candidature, puisqu'il a l'intention de mettre en place un comité exploratoire. Après l'officialisation du comité, l'étape suivante est l'annonce de la fin de l'« exploration ». Le comité exploratoire devient alors un comité de campagne. C'est seulement ensuite qu'arrive l'annonce officielle de candidature à l'investiture. Barack Obama lance sa candidature à l'investiture le 10 février 2007 en débutant par ces mots :

> Laissez-moi tout d'abord remercier tous ceux d'entre vous qui se sont déplacés aujourd'hui, de tous les horizons, bravant le froid.

> Nous avons tous effectué ce voyage pour une raison. C'est pour moi une leçon d'humilité, pourtant, du fond du cœur, je sais que vous n'êtes pas venus seulement pour moi, vous êtes venus ici car vous avez foi en ce pays et ce qu'il peut devenir. Face à la guerre vous avez foi en la paix. Face au découragement, vous avez foi en l'espoir. Face à la politique qui vous a fait taire, qui vous a dit de vous tenir tranquilles, qui nous a divisés depuis trop longtemps, vous avez foi en l'unité d'un peuple qui peut atteindre ce qui est possible et construire cette union plus parfaite. [...] Je réalise que cette déclaration est quelque peu présomptueuse et fait preuve d'une certaine audace. Je sais que je n'ai pas passé beaucoup de temps à étudier les rouages de Washington. Mais j'y ai passé assez de temps pour savoir que ces rouages doivent changer. Le génie de nos Pères fondateurs est d'avoir élaboré un système de gouvernance qui peut changer. Et nous devons le prendre à cœur car nous avons changé ce pays auparavant. [...] Chaque fois, une nouvelle génération s'est levée et a accompli ce qui s'avérait nécessaire. Aujourd'hui, nous devons nous soulever de nouveau et il est temps que notre génération réponde à cet appel. Car ceci est notre foi inébranlable : face à l'impossible, le peuple qui aime son pays peut le changer. [...] C'est pour cette raison que cette campagne ne peut pas être simplement la mienne. Ce doit être la nôtre. La campagne de ce que l'on peut accomplir ensemble. Elle doit être l'occasion, le véhicule, de notre espoir et de nos rêves. Elle demandera votre temps, votre énergie, et vos conseils pour avancer lorsque nous faisons ce qui est juste et pour nous prévenir lorsque nous ne le faisons pas. Cette campagne doit nous permettre de nous réapproprier le sens de la citoyenneté, de restaurer la signification d'un dessein commun, et de réaliser que peu d'obstacles peuvent retenir le pouvoir de millions de voix appelant au changement. Seuls, ce changement n'arrivera pas. Divisés, nous ne pourrons qu'échouer[2].

Et le sénateur de conclure avec emphase, après avoir cité Abraham Lincoln :

> Si vous me rejoignez dans cette improbable quête, si vous sentez l'appel du destin, et que vous voyez comme je vois, face à nous, un avenir aux possibilités infinies ; si vous ressentez

comme je ressens que l'heure est venue de sortir de notre torpeur et de nous débarrasser de nos peurs, et de rembourser la dette que nous avons envers les générations passées et futures, alors je suis prêt à embrasser cette cause, et marcher avec vous et travailler avec vous. Ensemble, dès aujourd'hui, accomplissons ce que nous savons nécessaire, et laissons naître un nouvel élan de liberté sur cette Terre[3].

Évidemment, se présenter à l'élection présidentielle n'est pas une mince affaire. En premier lieu, cette ambition a une influence sur le comportement du candidat Obama au Sénat. Pour ceux dont l'ambition est de rester sénateur pendant des décennies, le plus important est de jouer le jeu du parti, s'assurer la satisfaction de ses électeurs en introduisant des projets qui favorisent les intérêts de son État, et ne pas oublier de cajoler les plus généreux donateurs de ses campagnes électorales. Mais, avec la Maison-Blanche en vue, la prudence est désormais de mise. En effet, si une élection primaire se gagne aux extrémités du parti, une élection présidentielle se gagne au centre. Obama ne peut plus se permettre d'apparaître comme un « gauchiste » ou de trop mettre en avant des mesures polémiques. Hélas, à ne vouloir froisser personne, on finit souvent par ne plus satisfaire personne. Sa marge de manœuvre s'est considérablement réduite. De plus, se présenter en étant membre du Congrès est risqué car les centaines de votes annuels d'un sénateur sont autant de prises de position exploitables par le parti adverse. Chaque vote étant le résultat de tractations et de compromis divers, il est facilement utilisable à des fins politiciennes. Sur ce point, Obama possède le même désavantage que la démocrate Hillary Clinton ou que le républicain John McCain. Lors des législatives, les groupes de pressions distribuent des *score-cards*, des tableaux statistiques censés résumer les positions prises par les élus. Les électeurs étant rarement au fait des négociations très techniques des parlementaires, leurs positions sont facilement déformables. Pour juger correctement de l'action d'un élu, il faudrait tenir compte de tout le travail effectué en amont du vote final. En fait, seulement deux hommes politiques ont été élus alors qu'ils siégeaient au Sénat : Warren Harding et John F. Kennedy. Ils furent d'ailleurs élus durant leur premier mandat. Les derniers sénateurs en date à avoir échoué furent John Kerry et John Edwards. C'est peut-être une des raisons qui ont poussé Obama à se présenter dès 2008. Pourquoi rester au Sénat jusqu'en 2010 et fournir à ses adversaires encore plus de munitions ? Est-ce que, paradoxalement, les années d'expérience ne pourraient pas jouer en sa défaveur ? En politique, être en phase avec le désir de la société – savoir saisir ce moment opportun – est la première des qualités. Une si belle occasion pourrait ne jamais se représenter. Obama apporte une fraîcheur, une éloquence, un charisme qui ont disparu de la scène politique américaine depuis JFK. Mais la fraîcheur n'est pas éternelle et, à trop attendre, Obama risquait de la voir s'estomper. Ses discours comportent une certaine dose d'idéalisme devenu si rare chez les hommes politiques. À rester trop longtemps au Sénat, Obama prenait le risque de devenir un sénateur parmi d'autres, contaminé par les intrigues politiciennes, les costumes gris, les cheveux blancs et la langue de bois.

Peser le pour et le contre

Pourtant, les raisons pour ne pas se présenter sont légion. Le risque premier est de mettre un frein à une carrière fulgurante en visant trop haut trop tôt. Bien que siégeant à la commission des Affaires étrangères du Sénat, Obama n'a que deux ans d'expérience au Sénat en janvier 2007, aucune expérience militaire ou dans le domaine de la sécurité nationale. Face à un héros de guerre tel que John McCain ou à l'ancien maire de New York, Rudolph Giuliani, qui bâtit toute sa campagne sur sa gestion de l'après-11 Septembre, de telles carences peuvent s'avérer fatales. À l'heure du terrorisme international, les électeurs n'aiment pas prendre de risques. En 2004, ils ont préféré reconduire un George W. Bush dont le bilan était pour le moins mitigé plutôt que de changer de chef des armées dans une période incertaine.

Car le but n'est pas simplement de gagner la nomination démocrate mais bien de battre les républicains. L'Amérique est-elle prête à voter pour le fils d'un immigrant kényan dont le nom complet, Barack Hussein Obama, ressemble à l'anagramme des trois cauchemars américains du Moyen-Orient : l'Irak, Saddam Hussein et Ben Laden ? À cette question, le sénateur de l'Illinois répond par l'affirmative, comme pour mieux incarner ces deux mots qui lui sont si chers : l'audace et l'espoir.

Et quand bien même l'Amérique serait prête pour une telle rupture, Barack Obama est-il prêt, lui, à affronter les affres d'une élection présidentielle ? Peut-il tenir la distance ? La course à la présidence est une épreuve longue et difficile. La force de caractère, l'intégrité et la personnalité de chaque candidat sont mises sur la sellette. Il n'est pas rare après quelques mois de voir des candidats qui arboraient une confiance inébranlable douter de chacune de leurs décisions, hésiter, tergiverser et devenir incapables de prendre la moindre position sans le conseil de leur équipe de campagne. Le poids psychologique et médiatique d'une telle élection a eu raison de plus d'un « animal politique ». Obama n'a pas l'expérience de campagnes aussi féroces mais – son parcours en témoigne – il sait se transcender face à la pression. Son tempérament calme, le travail d'introspection dont il a fait preuve dans son autobiographie, mais aussi la foi qu'il a embrassée alors qu'il était adulte sont autant de facteurs qui lui donnent l'assise nécessaire pour affronter les tempêtes.

Avec un emploi du temps surchargé, tout candidat doit mettre sa vie de famille de côté, ce qui est problématique pour Obama qui, à 45 ans, a encore des enfants en bas âge. Conscients de ce problème, ses collaborateurs ont simulé pour sa femme et lui un emploi du temps virtuel, en décembre 2006, afin qu'il puisse prendre la décision de se présenter ou non en connaissance de cause. De plus, l'épouse d'Obama, Michelle, a exprimé à plusieurs reprises sa méfiance vis-à-vis de la politique. En juin 2007, cette femme active de 43 ans, diplômée de Princeton et d'Harvard, expliquait encore au magazine *People* à quel point il avait été difficile d'interrompre sa propre carrière pour permettre à son mari, dorénavant protégé par les services secrets, d'embrasser un projet qui accapare tout son temps et toute son énergie[4]. Or, le rôle de la *First Lady* est très important aux États-Unis. En particulier lors de l'élection primaire démocrate au cours de laquelle les candidats devront faire face à un couple légendaire : les époux Clinton. Deux responsables politiques on ne peut plus aguerris, dont un ancien président adulé par les militants démocrates bien décidés à tout faire pour aider son épouse, et une candidate extrêmement populaire auprès de l'électorat féminin. La candidature d'Obama engage sa propre personne mais aussi sa famille dans les tumultes de ce qui est l'exercice le plus éprouvant de la politique américaine.

2008 : une élection pas comme les autres

Chaque élection présidentielle est inédite mais certaines marquent les esprits plus que d'autres et entrent dans l'histoire. Cette campagne 2008 est unique à plusieurs titres. Pour la première fois depuis 1928, aucun élu sortant, soit président, soit vice-président, ne se présente à la présidence[5]. Les portes de la Maison-Blanche sont grandes ouvertes. Ainsi, quoi qu'il advienne, l'élection de 2008 sera marquée par le changement. Changement auquel de nombreux Américains aspirent après vingt-huit années de Bush et de Clinton. George H.W. Bush était déjà le vice-président de Reagan en 1980. Le changement est encore attendu après deux mandats de George W. Bush, qui laissera assurément un plus mauvais souvenir que son père. Dès 2006, son impopularité flirte avec les niveaux abyssaux qui étaient ceux de Nixon au moment de la crise du Watergate. En termes politiques, le legs de Bush junior est extrêmement maigre et entaché par le fiasco irakien. Les seules décisions importantes de ces deux mandats, pour les conservateurs, sont ses nominations à la Cour Suprême qui ont fait basculer l'équilibre de cette dernière en leur faveur. Les républicains briguant la Maison-Blanche ou un siège au Congrès ont la lourde tâche de se démarquer le plus possible du président sortant, tout en restant loyaux aux valeurs et aux positions du parti afin d'obtenir son soutien.

Une deuxième raison rend cette élection unique. Pour la première fois de l'histoire, les deux candidats en mesure de gagner l'investiture du parti démocrate étaient issus des « minorités ». Il faut aussi signaler que Bill Richardson, le gouverneur du Nouveau-Mexique, candidat malchanceux à l'investiture est d'origine mexicaine. Le vote des minorités fut donc au cœur de la campagne pour l'investiture du parti démocrate. Il n'en fut pas de même chez les républicains. La dizaine de candidats qui se sont présentés aux élections primaires républicaines étaient tous des hommes blancs ayant largement passé la cinquantaine. John McCain, s'il était élu, serait le président le plus âgé pour un premier mandat. De ce point de vue, le parti démocrate est en avance. Mais ni Hillary Clinton ni Barack Obama n'a bénéficié d'aucun passe-droit et chacun a dû s'imposer dans le parti.

C'est bien Barack Obama, un candidat pas comme les autres, qui rend cette élection si particulière. Le fait qu'un homme politique avec une expérience aussi courte à Washington soit le candidat du parti démocrate est exceptionnel. Au Congrès, l'ancienneté reste un facteur décisif dans l'accès aux commissions et aux postes à responsabilités au sein du parti. Obama n'est ni le président d'une commission clef, ni le leader de la délégation démocrate au Sénat. Cette extrême précocité politique est la conjonction de plusieurs facteurs. Pour de nombreux observateurs, Obama serait de la trempe des plus grands hommes politiques, ceux qui ont laissé une trace dans l'histoire : Kennedy, Reagan ou Clinton. Mark McKinnon, conseiller du président Bush et de John McCain, le décrit comme « une machine à espoir[6] ». Des comparaisons aussi flatteuses attestent une personnalité d'exception. L'avenir nous dira si Obama peut être classé dans cette catégorie, mais force est de constater que l'engouement qu'il suscite ne se voit que rarement.

Au-delà de ses talents personnels, Obama bénéficie d'une conjoncture favorable. La classe politique américaine perd chaque année en crédibilité, les gens se désintéressent de la politique et les taux d'abstention sont élevés. L'envie de renouveau est forte. Et Obama, grâce notamment à sa courte expérience, représente une des rares personnes dont l'image n'a pas été entachée par les scandales, les déceptions et les promesses non tenues. Obama, de par sa seule personnalité, rend cette élection captivante. Il est noir mais n'a pas émergé du mouvement pour les droits civiques et n'est pas lié aux réseaux politiques traditionnels des Églises afro-américaines. Il a des racines africaines et est le fils d'un immigrant. Métis, il a été élevé à Hawaï et en Indonésie mais sa famille est du Middle West. À la rencontre des attentes de l'Amérique, Obama n'aurait pas pu émerger à une autre époque. Il a grandi dans les années 1970 et incarne une nouvelle génération d'hommes politiques post-baby boom. Il est le citoyen universel, en phase avec la mondialisation. L'Amérique du XXIe siècle est fascinée par ce que représente Barack Obama. Il est, peut-être malgré lui, l'image dans laquelle une partie de la société aimerait se reconnaître. Au-delà de l'homme et de son programme, l'Amérique aime ce symbole. Elle aime ce qu'il dit d'elle. Elle a soif de cette rédemption qu'il incarne.

6

La course aux délégués

Tous les quatre ans, le mardi qui suit le premier lundi de novembre, les Américains sont appelés à élire leur président. Les deux principaux candidats sont issus des deux grands partis autour desquels s'organise la vie politique américaine : les partis démocrate et républicain. Avant de s'opposer lors de l'élection générale, ils ont été choisis à l'issue d'un long processus de désignation à l'intérieur de leur parti. La procédure s'apparente à une course d'obstacles que la médiatisation rend accessible à l'ensemble de la planète.

La course officielle à l'investiture dure de janvier à l'été. Elle est rythmée jusqu'en juin par les caucus et les élections primaires qui se déroulent État après État et qui permettent de désigner, en fonction des résultats des candidats, les délégués qui leur apportent leur voix lors de la convention de l'été où le parti choisit officiellement son candidat. La Convention nationale démocrate qui s'est tenue du 25 au 28 août 2008 à Denver dans le Colorado a réuni 4 233 délégués et la convention nationale républicaine, qui s'est tenue du 1er au 4 septembre 2008 à Minneapolis / St Paul dans le Minnesota comptait quant à elle 2 380 délégués.

La durée de cette course aux délégués est de plus en plus importante. Elle exige de lever de plus en plus de fonds afin de mener campagne dans la totalité des États. Chaque candidat à l'investiture doit donc se donner les moyens de ses ambitions. Si avant la campagne, personne ne doutait des capacités d'Hillary Clinton à lever des fonds et créer un réseau d'envergure nationale, il n'en allait pas de même pour Barack Obama. De nombreux observateurs avaient annoncé la descente en flammes de ce nouveau venu que les dures réalités de la vie politique américaine allaient vite ramener sur terre. Car les espoirs d'un candidat se mesurent tout d'abord en dollars. Sans argent, pas de campagne.

L'argent : le nerf de la guerre

Le coût des campagnes électorales ne cesse de croître et le prix d'une élection présidentielle atteint désormais des sommes colossales. L'argent public pouvant servir à financer les campagnes est plafonné. Pour s'affranchir de cette limite, les candidats financent leurs campagnes avec des fonds privés. Les contributions individuelles sont limitées mais les sommes que les candidats peuvent accumuler sont, elles, sans limites. La capacité d'un candidat à lever des fonds est donc souvent son atout principal. Pour « jouer dans la cour des grands » et rivaliser avec les Clinton et les Bush, il faut pouvoir suivre financièrement. Lors de l'élection de 2004, George W. Bush a, pour la première fois de l'histoire, dépassé les 200 millions de dollars. Les plus gros candidats ayant décidé de refuser tout financement public pour s'affranchir des plafonnements, les experts s'attendent à ce que soit dépensée pour l'élection de 2008 la somme incroyable d'1 milliard de dollars. À titre de comparaison, Nicolas Sarkozy et Ségolène Royal ont dépensé chacun de l'ordre de 21 millions d'euros pour la campagne présidentielle de 2007. Même en prenant en compte l'importance d'un pays cinq fois plus peuplé que la France, on voit que l'ordre de grandeur est très différent. Le coût de la seule élection primaire dépasse de beaucoup celui de l'élection française. Pour pouvoir concourir sérieusement lors de l'élection primaire démocrate, Barack Obama devait lever une centaine de millions de dollars en 2007.

Cette somme permet aux candidats de s'entourer des meilleurs conseillers, dont les services se monnaient très cher. Ils peuvent aussi embaucher des équipes dans les principaux États et établir des quartiers généraux dans des villes stratégiques.

Ils achètent de très nombreux sondages et autres études qui leur sont nécessaires pour orienter leur campagne. Enfin, avec cet argent, ils peuvent mettre sur pied une vraie propagande : les tracts, les doubles pages dans les journaux, les publicités à la radio et, surtout, les spots télévisés dont les coûts ne cessent de croître. Les candidats à la présidence dépensent environ 60 % de leur budget de campagne en messages publicitaires à la radio ou à la télévision[1]. Car, contrairement à la France, dans les campagnes électorales outre-Atlantique il n'existe pas d'instance gouvernementale, telle que le Conseil supérieur de l'audiovisuel, chargée de veiller au respect du temps de parole des candidats. Le temps de parole appartient à celui qui monopolise le plus l'antenne et donc, très souvent, au plus fortuné. Bien évidemment, être le plus riche ne garantit pas de gagner une élection. En 2000, le milliardaire Steve Forbes avait les fonds personnels qui lui auraient permis de financer lui-même sa campagne s'il l'avait voulu mais cela ne l'a pas empêché de perdre l'investiture républicaine. En revanche, une absence de fonds garantit d'être noyé par le flot des autres candidats et de disparaître très vite des médias. L'argent ne suffit pas à la victoire mais sert à mesurer la viabilité et la dangerosité d'un candidat. Un candidat aux poches profondes fera une campagne serrée jusqu'au bout. Et, inversement, les difficultés financières d'une campagne annoncent souvent le chant du cygne.

C'est la raison pour laquelle les rapports trimestriels officiels des candidats sont attendus avec autant d'impatience et d'anxiété. Et ceux de Barack Obama l'étaient tout particulièrement puisque le sénateur de l'Illinois s'étant déclaré relativement tard, ne bénéficiant ni de l'expérience d'Hillary Clinton, ni de son réseau de donateurs démocrates, ni du carnet d'adresses de son mari, l'avis général était qu'il allait devoir mener une campagne extrêmement modeste, voire abandonner une fois qu'il aurait dépensé les quelques millions qu'il aurait accumulés tant bien que mal, ce qui est souvent le cas pour les novices lors de leur première campagne. Si le sort lui souriait, il ferait peut-être un bon candidat pour la vice-présidence, pouvait-on lire parfois. Les journalistes et les pro-Clinton parlaient déjà de l'après-2008. Si cet échec n'avait pas mis un frein à sa carrière, peut-être qu'en 2012...

Quelle ne fut donc pas la surprise des gourous de la politique de découvrir en avril 2007 que Barack Obama avait amassé la coquette somme de 25 millions de dollars, somme sans précédent dans l'histoire pour une candidature « de dernière minute ». Pas si mal pour un homme politique qui a comparé la levée de ses premiers 250 000 dollars lorsqu'il se lança dans sa carrière politique à un arrachage de dents. Hillary Clinton avait, quant à elle, levé la somme de 26 millions de dollars. À cette somme, il faut ajouter les 10 millions de dollars qu'elle transféra de son compte de campagne pour le Sénat. D'après les règles de la Commission fédérale des élections, un candidat peut transférer des fonds d'une ancienne campagne électorale fédérale vers ceux de l'élection présidentielle. Un candidat ayant levé des fonds pour une campagne sénatoriale en 2006 peut utiliser les fonds qui lui restent sans aucune limite pour la campagne présidentielle de 2008, et c'est ce qu'Hillary Clinton a fait. Elle disposait donc de 36 millions de dollars à l'issue du premier trimestre. Par comparaison, au même moment, les deux républicains Mitt Romney et Rudy Giuliani avaient accumulé à eux deux moins qu'Hillary Clinton : respectivement 20 et 14 millions. Toutefois, les chiffres de Romney sont à relativiser puisque, compte tenu de sa fortune colossale, l'ancien gouverneur mormon du Massachusetts a utilisé ses propres fonds pour abonder ceux de sa campagne.

Pourtant, le record établi par la sénatrice de New York passe presque inaperçu à côté de la surprise Obama. Le sénateur de l'Illinois a non seulement démontré que sa campagne n'est pas une erreur mais qu'il peut rivaliser avec Clinton dans un domaine où elle excelle. Pis, certains indicateurs suggèrent même que la campagne d'Obama est peut-être plus solide. Deux facteurs entrent ici en ligne de compte. En premier lieu, la répartition des fonds entre élection primaire et élection générale. En effet, les candidats peuvent dès le début de la campagne accumuler des fonds pour les deux tours, mais les contributions ne peuvent être utilisées que pour l'un ou pour l'autre. Ainsi, un individu ne peut contribuer qu'à hauteur de 2 300 dollars pour l'élection primaire (ce chiffre était de 1 000 dollars lors des dernières présidentielles) et autant pour l'élection générale, soit en tout et pour tout 4 600 dollars. Or, Clinton avait déjà reçu de nombreuses contributions de 4 600 dollars, tandis que, sur les 25 millions d'Obama, 23,5 millions étaient des fonds réservés à l'élection primaire. Le second facteur à prendre en considération est lié au premier. C'est la taille des donations et donc le nombre des donateurs. Lors de ce premier trimestre, 100 000 personnes avaient contribué financièrement à la campagne d'Obama, bien plus que pour tous les autres candidats. Ce qui veut dire que sa campagne se basait plus sur un réel mouvement populaire que sur quelques très gros donateurs. Des Américains modestes, de tous horizons, avaient donc vu en Obama une raison de s'impliquer politiquement. Souvent pour la première fois.

Au deuxième trimestre, après l'engouement des débuts de campagne, il n'est pas rare que les candidats peinent à lever des fonds. Encore une fois, les plus pessimistes s'attendaient à voir les chiffres d'Obama décroître ou au moins stagner. Résultat des courses, au deuxième trimestre 2007, Obama avait réussi l'exploit de réunir la somme de 33 millions de dollars, distançant largement pour cette période Hillary Clinton (26 millions) et Rudy Giuliani (17 millions). Obama battit tous les records. Celui de la somme cumulée en trois mois (dont 32 millions rien que pour l'élection primaire) mais aussi et surtout celui du nombre de donateurs : 258 000. La moyenne de ces donations est donc bien inférieure à celle de ces concurrents. Lors des six premiers mois de la campagne de Barack Obama, 90 % des personnes ayant contribué financièrement ont donné 100 dollars ou moins. Ce réservoir de donateurs est non seulement sans précédent mais permettra surtout à Obama de revenir solliciter ces mêmes personnes, ces petits donateurs, au fur et à mesure de la campagne. À l'été 2007, tous avaient compris que la candidature Obama était à prendre très au sérieux. En quelques mois, Obama s'est imposé comme un homme politique redoutable car maîtrisant le financement de sa campagne avec brio et innovant au point de faire douter les partisans de Clinton quant à l'invincibilité de leur candidate et l'inévitabilité de sa candidature. L'accélération du calendrier et les sommes pharamineuses nécessaires pour concourir semblaient jouer en la faveur de Clinton, la candidate la plus expérimentée et la mieux préparée. Mais comment Obama a-t-il réussi un tel tour de force ?

Sur les terres d'Hillary

Le succès financier de l'équipe Obama tient principalement à deux facteurs : la capacité à trouver et solliciter une nouvelle génération de donateurs et une utilisation innovante d'Internet. En ce qui concerne le premier point, l'exemple de l'État de New York est le plus flagrant. En effet, cet État est le fief de la sénatrice Clinton et le lieu privilégié du financement de sa campagne. Il était donc logique de s'attendre à ce que l'omniprésence de l'équipe Clinton dans cette région du pays se fasse au détriment des autres candidats et en particulier du sénateur de l'Illinois. Pourtant, même à New York, Barack Obama est parvenu à lever des sommes considérables. Au premier semestre 2007, il a récolté presque 3 millions de dollars contre 7 millions pour Clinton. Ces chiffres se sont confirmés au deuxième semestre. La différence entre les deux candidats est notable, mais il faut prendre en compte que Barack Obama a amassé presque 4 millions de dollars au premier trimestre dans son fief de l'Illinois alors qu'Hillary Clinton n'a même pas atteint la barre des 400 000 dollars dans cet État pour la même période. Si on ajoute à cela le fait qu'au deuxième trimestre Obama a levé 1 million dans le New Jersey et un autre dans le Connecticut, on se rend mieux compte de sa performance. Comment en l'espace de trois mois est-il parvenu à construire un réseau de financement de campagne aussi solide que celui de Clinton ? Mais surtout, comment une envie de changement et de nouveauté, associée à une certaine méfiance de l'électorat démocrate envers Clinton, s'est-elle transformée en contributions new-yorkaises ?

La campagne de recrutement des « rabatteurs » de Clinton débute officiellement le 6 février 2007, chez elle, à Washington. Quelque 70 personnes sont réunies dont les financiers new-yorkais Alan Patricof et Steve Rattner. Le lendemain, une centaine de contributeurs financiers, les *Hillraisers*, devant chacun cumuler 25 000 dollars pour la candidate démocrate, se réunissent à l'hôtel Hyatt pour être préparés par les conseillers de Clinton. Car dans une campagne électorale, il faut amasser le plus grand nombre possible de *bundlers*, c'est-à-dire de personnes chargées de récolter des chèques et des promesses de dons au nom d'un candidat. Ces rabatteurs ont des objectifs différents suivant leur statut et les plus importants doivent en général apporter 250 000 dollars de dons par trimestre, voire 1 million de dollars. Rares sont les personnes qui ont un tel carnet d'adresses et leurs services sont vitaux pour le financement d'une campagne. Néanmoins, la loyauté des *bundlers* n'est pas automatique et il faut les convaincre de travailler pour tel ou tel candidat. Robert Zimmerman, par exemple, qui a collaboré aux campagnes de Bill Clinton et Al Gore, n'hésite pas à rejoindre Hillary. Toutefois, d'autres contributeurs décident de se rapprocher du camp Obama, tel Orin Kramer, personnalité incontournable de la levée de fonds dans le New Jersey et qui contribua aux campagnes d'Al Gore et de Kerry. Ou bien Robert Wolf, P-DG de UBS Americas, qui, à 45 ans, s'est imposé comme un contributeur financier hors pair pour les démocrates. Et surtout, le milliardaire George Soros, la bête noire des conservateurs. En effet, lever des fonds pour un candidat est le plus souvent le résultat d'un calcul de retour sur investissement. Malgré les liens d'amitié ou les considérations idéologiques, les plus gros contributeurs au financement des campagnes parient sur le candidat le plus susceptible à leurs yeux d'emporter la victoire. Si

Hillary Clinton attire rapidement autour d'elle les plus grands noms de la finance new-yorkaise – tels Hassan Nemazee ou Blair Effron – Obama, au cours de dîners informels, souvent organisés par des relations communes, parvient à convaincre certains de changer de camp. Car c'est bien de cela qu'il s'agit. L'équipe Clinton a très tôt dans la campagne fait savoir que contribuer à deux campagnes simultanément ne serait pas toléré. Les sympathisants démocrates devaient choisir un seul candidat. Cette attitude autoritaire du camp Clinton lui attira les foudres de certains alliés de longue date qui n'entendaient pas se laisser enfermer dans un jeu de personnes. Il n'y eut évidemment pas de menaces, le monde de la politique est souvent plus subtil. Chacun sait que la loyauté est récompensée et qu'une fois sorti du cercle des Clinton, il est très difficile d'y revenir. En d'autres termes, la pression est montée dans le camp démocrate autour du recrutement des contributeurs financiers. Après tout, le *chairman* de la campagne de Clinton n'est autre que Terry McAuliffe, considéré par certains comme le plus grand contributeur financier de l'histoire du parti démocrate mais aussi le plus excessif. Il est notamment célèbre pour avoir combattu un crocodile de plus de 100 kilos afin d'empocher une donation de 15 000 dollars pour le parti démocrate de Floride.

Au lieu d'affronter ouvertement le camp Clinton et se disputer les faveurs des plus riches New-Yorkais, l'équipe Obama opte pour une approche différente. Elle décide de recruter d'autres collaborateurs. En effet, alors que Clinton a principalement recruté des gens de sa génération, à travers les réseaux classiques du parti et de son mari, Obama invite les New-Yorkais plus jeunes à ses *fundraisers*, des événements sociaux qui servent à lever des fonds et mettre en relation des personnes aux intérêts communs. Ces « nouveaux riches », ces fortunes accumulées durant les années 1990 et le boom Internet sont flattés qu'on s'intéresse à eux. La distinction la plus forte entre les contributeurs de Clinton et d'Obama à New York est générationnelle. En effet, la campagne Clinton semble ignorer ces post-baby-boomers tels des enfants qui n'auraient pas le droit de s'asseoir à la table des adultes. Même un contributeur comme Robert Wolf a vraisemblablement rejoint la campagne Obama car il trouvait que son rôle auprès d'Hillary Clinton ne serait jamais à la hauteur de ses espérances. Bien que le ralliement de Soros soit symboliquement très fort, c'est Wolf qui est devenu un collaborateur majeur d'Obama à New York, réunissant quelque 500 000 dollars de dons pour le candidat démocrate au cours du premier trimestre 2007. Le comité de finance de New York d'Obama compte donc Jim Torrey, Brian Mathis, Michael Froman, Jamie Rubin et Orin Kramer. Certains d'entre eux ont fait leurs armes au sein de l'administration Clinton : Mathis et Froman travaillaient au ministère des Finances ; Rubin à la Commission fédérale de la communication ; Josh Steiner, un ancien du ministère des Finances, travaille désormais avec Steve Rattner pour le Quadrangle Group. Toutefois, les deux membres les plus importants sont Mathis et Froman qui sont des camarades de promotion d'Obama lorsqu'il faisait son droit à Harvard.

Par ailleurs, on ne sera pas surpris d'apprendre qu'Obama compte parmi ses collaborateurs les grandes fortunes afro-américaines telles que l'éditeur Earl Graves et le producteur de musique Andre Harrell. Ses relations permettent à l'équipe d'Obama d'organiser des soirées privées pour lever des fonds grâce à la présence du gotha du show-business new-yorkais. Fin mars 2007, sur Park Avenue, l'impresario Antonio Reid organisa une soirée avec, entre autres, Beyoncé, Jay-Z et Jermaine Dupri. Cette tendance s'exprime aussi en Californie et à Los Angeles en particulier. Les fortunes d'Hollywood se mêlent au monde de la politique comme l'on s'en est rendu compte avec l'élection du gouverneur Schwarzenegger. À Los Angeles, certains Afro-Américains influents prennent très tôt position pour Barack Obama, à l'instar de la richissime présentatrice de télévision Oprah Winfrey, qui est une des premières à l'inviter dans son émission, une des plus populaires du pays. Cependant, la Californie ne se résume pas au monde des paillettes ; elle possède aussi de très gros donateurs issus du monde de l'industrie et notamment des nouvelles technologies de la Silicon Valley. La Californie est donc un État phare dans le domaine de la levée de fonds, surtout pour les démocrates. Sur les 35 millions de dollars récoltés par les candidats de tous bords au cours des six premiers mois de l'année 2007, 23 millions le furent par des démocrates. Ces chiffres sont presque similaires à ceux de l'État de New York. À eux deux, ces États représentent un quart des donations de l'élection primaire tous partis confondus.

Faire campagne sur Internet

Un New-Yorkais ayant joué un rôle décisif dans la campagne du sénateur Obama est Julius Genachowski, qui lui a ouvert les portes du monde des technologies et des médias. En organisant différentes réceptions à New York et à Washington, Genachowski a levé 600 000 dollars pour la campagne Obama lors du premier trimestre 2007. Et pourtant ce n'est peut-être pas sa plus importante contribution. En effet, persuadé qu'il faut mettre l'accent sur les campagnes sur Internet, il convainc l'équipe Obama d'embaucher un technicien du secteur privé et un spécialiste du monde de la politique. Cette tactique s'avère probante puisque la présence d'Obama sur Internet est une des sources principales de son succès. Obama a levé beaucoup plus de fonds sur Internet que ses adversaires mais surtout, grâce à ce réseau, il est parvenu à élever le nombre de ses donateurs à des niveaux jamais atteints auparavant. Ce que Howard Dean avait entamé en 2004, Obama l'a perfectionné en 2007. D'ailleurs, ce n'est pas un hasard si Obama a engagé Jim Brayton en tant que directeur de sa campagne Internet, puisque ce dernier fut chargé en 2004 des principales étapes de la campagne de Dean sur la Toile.

Voici donc le deuxième facteur responsable du succès des finances d'Obama. Une campagne Internet extrêmement professionnelle, parfaitement organisée et préparée, et qui débute dès les premiers jours de sa campagne. L'engouement que suscite Obama se propage très rapidement sur la Toile où des milliers de volontaires participent en organisant eux aussi des *fundraisers* à leur échelle. Au bout de six mois, le site de Barack Obama annonce fièrement compter une centaine de milliers de volontaires de par le pays qui participent à des événements en tout genre pour lever des fonds pour la campagne. Certains demandent à leurs amis ou aux membres de leur famille de contribuer à hauteur de quelques dollars. D'autres organisent des événements sportifs, sur le principe du Téléthon où les fonds récoltés sont reversés à la campagne. D'autres encore vendent des « tartes maison » ou bien organisent des réunions Tupperware. Conscient de l'importance de ces petits donateurs, Obama met en place une tombola qui s'avère extrêmement populaire. Sur Internet, pour toute contribution avant une date donnée, la campagne tire au sort 5 donateurs qui auront l'honneur de dîner avec Barack Obama. Non seulement cette tombola permet de récolter des fonds et d'allonger la liste des donateurs, base de données essentielle pour le reste de la campagne, mais elle donne l'occasion aux internautes d'écouter les réactions des heureux gagnants qui ont eu le privilège de dîner presque en tête à tête avec celui qui deviendra peut-être le prochain président des États-Unis. Le symbole est immense. Obama apparaît à l'écoute du peuple, et en retour, les internautes ont l'impression que, pour une fois, ils ont un accès direct aux hommes politiques, qui prennent le temps d'écouter leurs doléances de façon personnelle. Cette démarche n'est pas sans rappeler le débat de juillet 2007 sur CNN entre les candidats démocrates où les questions étaient posées par des internautes grâce au site de partage vidéo YouTube. Pionnier dans ce domaine, Obama a pris une longueur d'avance sur ses concurrents qui ont évidemment réagi et ont tenté d'améliorer leur présence sur la Toile. C'est donc bien grâce à Internet que Barack Obama a réussi à attirer les donations de 100 000 personnes au premier trimestre 2007, soit plus que ses deux plus proches adversaires réunis (Clinton avec 50 000 et Edwards avec 40 000). Au 30 juin 2007, ce chiffre avait dépassé les 250 000.

Voilà comment à la fin de l'exercice 2007, avant que la moindre élection primaire ne se fût déroulée, Barack Obama (fort de presque un demi-million de donateurs !) avait dépassé les 100 millions de dollars, à égalité avec Hillary Clinton. À titre de comparaison, Howard Dean finit la campagne 2003 avec un total approchant les 50 millions. Une telle somme, qui était pourtant un record à l'époque, fait pâle figure à côté des primaires démocrates de 2007. Un nouveau seuil a été franchi. Seul le président sortant républicain, qui n'avait pas d'opposition en 2004, avait amassé des sommes comparables. À la fin des élections primaires démocrates, en juin 2008, Obama et Clinton avaient accumulé à eux deux 500 millions de dollars de dons (avec 1,5 million de donateurs pour Obama et plus de 20 millions de dette pour Clinton). Tous candidats confondus, le milliard de dollars sera atteint d'ici novembre 2008. Pour le meilleur mais surtout pour le pire, les chances d'être élu à la Maison-Blanche dépendent de plus en plus de la faculté des candidats à lever des sommes extraordinaires afin de financer des campagnes dispendieuses. Et l'évolution ne semble pas aller dans le bon sens puisque Obama, qui avait fait de la réforme du financement des campagnes électorales non pas un thème de campagne mais un thème de toute sa carrière, a annoncé en juin 2008 qu'il refuserait l'argent public, et ses contraintes, pour financer toute sa campagne exclusivement avec des fonds privés, quitte à aller à l'encontre de son message. Le démocrate est plus pragmatique qu'on ne le dit. Un pas historique vient d'être franchi.

Un système électoral complexe

La procédure de désignation des délégués est marquée par la diversité, et ceci à quatre niveaux[2].

Caucus ou primaire

Le « caucus » est la pratique la plus ancienne. Il désigne une réunion d'un petit groupe impliqué dans les affaires politiques. Jusqu'en 1972, la majorité des États choisissent leurs délégués par le biais de caucus. Aujourd'hui, dix-neuf États en organisent encore. En tout, plus de 10 % des délégués démocrates et presque 15 % des délégués républicains sont en jeu dans les caucus. Le caucus de l'Iowa est particulièrement suivi parce qu'il ouvre l'année électorale. Réunis par circonscription électorale ou par comté, les membres du parti inscrits sur les listes électorales se réunissent pour choisir leurs délégués. Le caucus se déroule généralement dans le gymnase d'une école, dans une mairie ou dans tout autre espace du service public. À leur arrivée, les participants forment des groupes en fonction du candidat qu'ils soutiennent. Les indécis forment un groupe à part. Ceux dont le choix est définitif tentent de convaincre les autres participants de rejoindre leur groupe. Il ne s'agit donc pas d'un vote à bulletin secret. Le groupe de partisans qui compte l'effectif le plus important reçoit le plus grand nombre de votes de délégués. Les caucus peuvent durer plusieurs heures et réunissent donc généralement les électeurs les plus mobilisés. D'un État à l'autre, les caucus sont plus ou moins complexes. Ainsi, dans certains États, les délégués choisis peuvent participer à une convention de comté ou d'État avant de participer à la convention nationale du parti. D'autres ont un système de caucus mixte. Au Texas, 30 % des 193 délégués démocrates en 2008 *(pledged)* furent alloués à l'issue d'un caucus et les 70 % restants par le biais d'une primaire. Il s'agit de concilier la volonté d'impliquer davantage les électeurs dans la procédure de nomination en organisant une primaire et le désir de préserver le rôle des militants en organisant des caucus.

Les primaires constituent l'autre grande forme de désignation des candidats. L'électeur choisit son candidat à bulletin secret, loin des pressions possibles des caucus. La généralisation des primaires fut lente : elles ne s'imposèrent qu'à partir de 1972.

Différents types de primaires

La diversité est également de mise dans les primaires. Il existe trois grands types d'élections primaires : les primaires fermées, strictement réservées aux membres du parti ; les primaires ouvertes qui sont accessibles à l'ensemble des électeurs quelle que soit leur affiliation partisane (*cross over primary*) ; ou, système intermédiaire, les primaires modifiées (semi-ouvertes ou semi-fermées) permettant la mise en place de primaires ou de caucus ni strictement réservés aux membres du parti, ni complètement ouverts. Dans la version la plus courante de ce type de primaire, les personnes inscrites à l'un des grands partis ne peuvent en général voter qu'à la primaire de ce parti. Cependant, contrairement aux primaires / caucus fermés, les indépendants peuvent choisir de voter à l'une des primaires d'un des deux partis.

La division entre primaires fermées et primaires ouvertes met en évidence le rôle des électeurs dits indépendants, qui ne sont affiliés à aucun parti. En 2008, pour plus de la moitié des États tenant des primaires lors du Super Tuesday, il s'agissait de primaires ouvertes. Certains États permettent aux électeurs de changer de parti le jour précédant une élection, afin que les indépendants puissent choisir de s'inscrire en tant que républicain ou démocrate s'ils soutiennent un candidat en particulier. Les indépendants peuvent jouer un rôle important dans des États comme le New Hampshire ou en Caroline du Sud, où un grand nombre d'électeurs sont inscrits comme indépendants.

L'attribution des délégués

La diversité des pratiques se retrouve également dans l'attribution des délégués entre scrutin majoritaire et scrutin proportionnel. Le parti républicain a adopté dans un grand nombre d'États un scrutin majoritaire (*winner-take-all-system*) : quelle que soit la marge de victoire du gagnant dans un État, tous les délégués de cet État lui sont alloués. Ce système explique le fait que les républicains soient parvenus en 2008 à dégager leur candidat rapidement. Avec un scrutin majoritaire, quelques victoires dans les plus grands États suffisent à créer une avance décisive. En revanche, le système du parti démocrate est conçu sur une base proportionnelle (avec un seuil minimal de 15 %). Chaque candidat obtient un nombre de délégués proportionnel au nombre de voix obtenues, ce qui a tendance à prolonger la lutte entre les candidats, et explique en partie pourquoi Obama et Clinton ont eu tant de mal se départager.

Le rôle des super-délégués

Autre distinction d'importance entre les deux grands partis : le parti démocrate possède des délégués non engagés (unpledged), que l'on appelle communément les « super-délégués », comprenant les gouverneurs, les membres du Congrès, les anciens présidents et des cadres du parti. Ces super-délégués ne sont donc pas choisis lors de primaires. Ils peuvent se prononcer en faveur d'un candidat et l'annoncer publiquement (c'est ce que l'on appelle les « *endorsements* »). Le soutien officiel de ces « super-délégués » permet de mesurer l'assise politique d'un candidat au sein de son parti puisqu'ils participent à l'organisation de la convention et donc du programme du parti. De plus, ils contribuent à l'infrastructure des campagnes et apportent des donateurs. Mais leur soutien sert avant tout à donner de l'élan à une campagne jusqu'aux primaires. Car si un candidat perd les primaires, il y a peu de chances que les « super-délégués » n'en tiennent pas compte. En 2004, Howard Dean avait accumulé le soutien du plus grand nombre de « super-délégués » à la veille des caucus de l'Iowa, avec 132, mais dans les deux semaines qui suivirent la majorité avaient rejoint le camp de Kerry.

La défaite écrasante du candidat démocrate George McGovern en 1972, puis celle de Carter en 1980, ont déterminé l'introduction de ces super-délégués en 1984. On estimait que le système avait laissé la base du parti devenir trop influente et qu'il était devenu trop favorable aux outsiders. Carter avait été élu sans jamais convaincre les leaders du parti ce qui rendit sa relation avec le Congrès très problématique. En 1984, par contre, l'ancien vice-président Walter Mondale a remporté la nomination démocrate grâce à un fort soutien des cadres du parti. Dans le cas de primaires aux résultats serrés, les délégués peuvent avoir des difficultés à obtenir une majorité nette de soutiens pour l'un des candidats. Une procédure de négociation (*brokering process*) a lieu dans ce cas, avec la possibilité de votes multiples, ce qui n'est jamais très bon pour le parti. Les super-délégués ont été justement désignés pour éviter une convention négociée. Ils peuvent faire pencher la balance grâce à leur vote afin d'éviter une situation de blocage. Le rôle des super-délégués reste toutefois ambigu car s'ils ne font qu'entériner le résultat des primaires, ils apparaissent superflus ; en revanche, s'ils vont à l'encontre de la volonté du peuple, ils apparaissent comme anti-démocratiques. Dans les deux cas, leur décision prête à controverse.

L'importance du calendrier

La campagne présidentielle dure au moins deux ans aux États-Unis. Elle débute un an avant les élections primaires, voire plus tôt dans les premiers États qui sont jugés essentiels. Il n'est pas rare de voir un candidat à l'ambition présidentielle commencer à construire un réseau plusieurs années à l'avance dans l'Iowa ou le New Hampshire. En 2007, l'ancien sénateur de la Caroline du Nord John Edwards est très rapidement en tête dans les premiers sondages d'opinion de l'Iowa car il a préparé le terrain de longue date. N'étant plus sénateur, il a tout le loisir de multiplier les interventions sur place, d'établir un siège de campagne, de recruter une équipe et de mettre sur pied des instituts de sondages locaux. Depuis 2006, il a certainement passé plus de temps à Des Moines, capitale de l'Iowa, qu'à Chapel Hill, capitale de Caroline du Nord. Par contraste, les candidats qui se décident à se présenter plus tard, ou bien les candidats qui occupent des postes à responsabilités qui ne leur laissent pas le temps de s'investir autant, partent avec un handicap. Handicap qui peut être compensé en partie par la visibilité qu'offre un poste à responsabilités nationales. Si un petit candidat ne sort pas son épingle du jeu très tôt dans la campagne et ne profite pas de cet élan, il disparaît rapidement. La seule raison pour laquelle, à l'été 2007, John Edwards est encore considéré comme un adversaire sérieux de Clinton et d'Obama est son avance dans les sondages de l'Iowa.

Chaque candidat doit donc établir une stratégie en fonction du calendrier, de ses ressources financières et de son temps. Car bien que les élections primaires soient espacées dans le temps, aucun candidat ne peut faire campagne dans tous les États de façon uniforme. Il faut donc calculer l'intérêt de s'investir quelque part en fonction du retour électoral escompté. Est-il judicieux de dépenser beaucoup de temps et d'argent dans un État qui n'offre que peu de délégués ? Peut-être, si cet État est l'un des premiers. Car nombre de politologues estiment que les victoires tôt dans la campagne créent un effet d'entraînement. De plus, les répercussions en termes d'image dans les médias sont positives et ne coûtent rien. Pour autant, est-il judicieux de faire campagne dans un État dans lequel un adversaire est très populaire ? À partir d'un certain écart dans les sondages entre Barack Obama et Hillary Clinton, l'un comme l'autre ont arrêté de faire campagne dans l'Illinois ou l'État de New York. Chacun a préféré investir son temps et son argent dans des États plus indécis, malgré le nombre appréciable de délégués que représentaient ces États.

Enfin, les évolutions du calendrier électoral ont une influence sur les stratégies des candidats mais aussi sur celles des partis. Les élections peuvent être déplacées pour de nombreuses raisons. Afin de limiter l'abstention, les États organisent certaines élections d'État le même jour que les élections primaires, en particulier les référendums d'initiative populaire. Toutefois, la raison principale pour un État de modifier le calendrier est de tenter de peser plus fortement sur l'élection présidentielle. L'avantage est certain pour les premiers États qui bénéficient d'une attention toute particulière et démesurée par rapport au poids de leur population. La politique énergétique de l'éthanol ne serait sûrement pas ce qu'elle est en Iowa si cet État n'était pas le premier à voter tous les quatre ans. La tactique la plus courante est de créer un bloc géographiquement compact d'États votant le même jour afin de forcer les candidats à passer plus de temps dans ces États. C'est ce que réussirent à faire 9 États du Sud le 8 mars 1988, avec la création du « super mardi », dans l'espoir que le parti démocrate choisirait ainsi un candidat qui prenne en compte les intérêts du Sud[3]. À la suite de ce « Super Mardi », les autres États sont tentés d'avancer la date de leur élection primaire afin de ne pas devenir des États de second choix. Ainsi, en 1996, la Californie, l'État le plus peuplé de l'Union et donc celui comptant le plus grand nombre de délégués, transfère sa primaire de juin à mars[4]. Le New Hampshire, soucieux de garder son rang, déplace son élection primaire de mars à mi-janvier. En 2008, ce mouvement se poursuit au point de créer le 5 février 2008 un « Méga Mardi » ou un « Giga Mardi ». Pour le camp démocrate, il inclut 22 États avec environ 2 000 délégués à la clef. À titre de comparaison, le « Super Mardi » du 2 mars 2004 avait regroupé 10 États, pour un total de 1 410 grands électeurs, tous gagnés par Kerry, sauf les 23 du Vermont gagnés par Howard Dean. Ce même jour, John Edwards jeta l'éponge. Le 2 mars 2004, la course à l'investiture démocrate était terminée. Chaque nouvelle élection met en exergue les limites de ce système qui semble avancer le calendrier de plus en plus tôt.

7

Obama-Clinton
Au bout du suspens

Le calendrier électoral démocrate 2008 débute le 3 janvier 2008 avec l'Iowa, puis le New Hampshire le 8, suivis des caucus du Nevada le 19 et de la primaire de Caroline du Sud le 26 janvier. Seuls ces États ont été autorisés par le parti national à déplacer leur primaire avant le « Méga Tuesday ». Lorsque le Michigan et la Floride sont venus s'insérer respectivement le 15 et le 29 janvier, les instances du parti se sont retrouvées face à un dilemme : ne pas pénaliser les électeurs de ces deux États très importants pour les élections de novembre en invalidant les élections, tout en étant le plus ferme possible afin d'enrayer ce cycle infernal. Il faut attendre le 31 mai 2008 pour que le Rules and bylaws committee du parti démocrate trouve un compromis qui, à défaut de satisfaire tout le monde, sorte le parti de l'impasse juridique.

En 2008, le 5 février apparaissait comme potentiellement décisif (et il le fut pour les républicains). Puisque tant d'élections se déroulent en même temps, les candidats doivent faire appel massivement à la publicité car ils ne peuvent pas se déplacer partout. La Cour Suprême a rendu en juin 2007 une décision protégeant le droit d'utiliser la publicité tout au long des campagnes électorales, alors que la loi de réforme du financement des campagnes électorales de 2002, dite McCain-Feingold, limitait l'intrusion des groupes de pression dans les deux derniers mois de campagne. La Cour a conclu que l'argent dépensé pour influencer le cours d'une élection représentait une forme de liberté d'expression protégée par le Premier amendement de la Constitution[1]. Par conséquent, les différents groupes de pressions, syndicats et autres associations, de la *National Rifle Association* à l'*American Civil Liberties Union*, peuvent dépenser de façon illimitée leurs ressources en publicités électorales jusqu'à la dernière minute de la campagne. Les sommes astronomiques levées par les candidats et les groupes qui les soutiennent seront mises à profit afin d'occuper les médias. Ainsi, la campagne semble s'être raccourcie et accélérée. Elle s'est jouée en un mois du côté républicain, entre le 3 janvier et le 5 février. Compte tenu du nombre de délégués en jeu, l'élection fut décidée officieusement le 5 février au soir. Mais une série de facteurs se sont cumulés du côté démocrate qui ont prolongé la primaire jusqu'en juin.

Les primaires de janvier

Depuis 1972, la première élection est traditionnellement celle de l'Iowa qui se déroule en janvier, deux semaines avant celle du New Hampshire[2]. Elle est, par conséquent, primordiale pour les candidats. L'Iowa, tout comme le New Hampshire, est donc traité avec beaucoup d'égards par tous les candidats. Ils y font campagne de façon très soutenue et commencent très tôt. Ce n'est pas le nombre de délégués qui rend ces États importants mais leur place dans le calendrier. Ces premiers États donnent souvent le ton pour le reste du pays qui attend les résultats comme un premier test de la valeur des candidats.

Bien que chaque État possède sa propre élection, il ne faudrait pas considérer la désignation du candidat de chaque parti comme une succession de campagnes aux intérêts locaux étalées sur plusieurs mois. Elle doit plutôt être analysée comme une mini-campagne nationale accélérée qui se gagne sur des enjeux nationaux. La localisation est plus une mise en scène qui permet, à travers le voile de la tradition et du folklore, de ne pas remettre en cause trop sérieusement le mode d'élection au suffrage indirect dans chaque État. Ne nous laissons donc pas influencer par les images d'Épinal qui ponctuent les élections primaires. Tout ce que disent les candidats est choisi pour avoir une portée nationale. Le pays entier suit les élections primaires, en particulier les premières. Lorsqu'il s'adresse à un individu de l'Iowa, le candidat s'adresse à la nation. Toutefois, ces États ne sont évidemment qu'un indicateur imparfait de la viabilité d'un candidat. Bill Clinton n'avait récolté que 3 % des suffrages de l'Iowa en 1992, ce qui ne l'empêcha pas de gagner l'investiture. Pourtant, conscient de l'importance de cet État, Obama a engagé dans sa campagne Steve Hildebrand qui mena la campagne victorieuse de Kerry dans l'Iowa en 2004. Bien lui en a pris.

Le calendrier électoral inquiète le camp Obama car il fait démarrer la campagne plus tôt qu'à l'accoutumée, pendant les vacances universitaires. Or, Obama est extrêmement populaire sur les campus américains. Un scrutin pendant cette période peut le desservir auprès des jeunes. Mais la première surprise de la campagne électorale a tout de même lieu. Obama remporte les caucus de l'Iowa le 3 janvier 2008, John Edwards termine deuxième. Hillary Clinton n'est que troisième. Ce résultat transforme la dynamique de l'élection. Obama le « petit » candidat, remporte la première manche, ce qui lui octroie du jour au lendemain une stature nationale. Il démontre que son infrastructure de campagne sur le terrain est redoutable. En outre, c'est un candidat noir qui gagne dans un État à 95 % blanc. Le message est fort, notamment vis-à-vis de la communauté afro-américaine, qui est alors sceptique sur la viabilité de cette candidature. Obama s'adresse indirectement à elle lors de son discours de victoire, prononcé devant un public presque exclusivement blanc : *They said this day would never come* (ils disaient que ce jour n'arriverait jamais…). Le message s'adresse également aux donateurs : la démarche d'Obama n'est plus un simple rêve. Il récoltera 36 millions de dollars au cours du seul mois de janvier. Enfin, les caucus de l'Iowa ont fait s'écrouler le mythe d'invincibilité que Clinton avait réussi à construire autour de sa candidature préparée de longue date. Certains de ses conseillers lui avaient suggéré de ne pas faire campagne dans l'Iowa. Concéder un État à ses adversaires pour mieux se concentrer sur d'autres aurait été plus productif que de dépenser des millions de dollars pour finir troisième et voir sa campagne démarrer de la pire façon qui soit.

Mais Hillary Clinton a de la ressource. Alors que la veille de la primaire du New Hampshire, les sondages donnaient Obama vainqueur avec une dizaine de points d'avance et que certains journalistes parlaient déjà de la fin de la campagne Clinton, elle remporte le New Hampshire et relance sa campagne. La mobilisation de l'électorat féminin s'avère décisive pour Hillary Clinton. La veille de l'élection, elle est apparue à la télévision au bord des larmes. Cet instant d'« humanité » a aidé la candidate qui était perçue jusqu'alors par beaucoup d'Américains comme froide et calculatrice. Cette inflexion de son image lui a apporté pour un temps la sympathie de l'électorat.

En politique américaine, il n'y a guère de temps pour savourer ses victoires. À peine une primaire se termine qu'une autre commence. Le parti démocrate a permis au Nevada, un État du Sud-Ouest, et à la Caroline du Sud, un État de l'ancien sud confédéré, de tenir leurs élections avant le 5 février afin de générer une dynamique régionale dans des zones cruciales pour l'élection de novembre. Depuis la fin des années 1960, le parti démocrate ne gagne plus une majorité de votes blancs et doit compter sur une coalition au sein de laquelle les Afro-Américains, et plus récemment les Hispaniques, sont primordiaux. En mettant en avant ces deux États, il s'agit de dire l'importance que l'on accorde aux minorités ethniques et aux questions politiques portées par ces groupes. L'affrontement entre Obama et Clinton avait drainé un nombre record d'électeurs dans les deux premières élections. Ce qui ne posa pas de problèmes majeurs dans des États qui avaient l'expérience de l'organisation d'élections suivies par toute la nation. À l'inverse du Nevada, où ce sont les suspicions d'irrégularités de part et d'autre qui font la une de journaux. Clinton remporte une courte victoire en nombre de voix, mais Obama obtient trois délégués de plus qu'elle. Le scrutin étant à la proportionnelle dans chaque circonscription, le candidat qui emporte le plus de délégués n'est pas forcément celui qui accumule le plus de voix. Les circonscriptions avec un nombre impair de délégués sont les plus importantes puisqu'une courte victoire amène un délégué supplémentaire alors qu'une victoire dans une circonscription avec un nombre pair de délégués peut aboutir à une égalité. Ce point de détail du système de répartition des délégués a très tôt été compris par l'équipe d'Obama. Persuadé que la campagne ne sera pas gagné par KO, Jeffrey Berman, conseiller du sénateur de l'Illinois, comprend que cette élection sera une course aux délégués, et que la victoire se construira lentement. En investissant stratégiquement dans les circonscriptions les plus « rentables », il est possible de maximiser l'obtention du nombre de délégués par rapport au nombre de voix obtenues.

Obama n'a pas besoin de ce savant calcul en Caroline du Sud. Il y remporte une victoire éclatante – il obtient plus du double de voix qu'Hillary Clinton – grâce aux Afro-Américains. Ces derniers, qui représentent 30 % de l'électorat démocrate dans cet État, votent à 80 % pour le candidat noir. L'ampleur de ce soutien est une nouvelle surprise. En effet, les Clinton ont des réseaux très anciens parmi les élus et les leaders historiques issus du mouvement pour les droits civiques ou des églises afro-américaines. À la lecture des enquêtes sondant les intentions de vote, Obama, en dépit de sa couleur de peau, ne faisait pas figure de candidat naturel au sein de cette communauté. Les erreurs du camp Clinton, qui ont racialisé le débat, ainsi que l'implication personnelle de Michelle Obama, ont inversé cette tendance. Entre l'Iowa et la Caroline du Sud, Obama a prouvé qu'il était capable de réunir une coalition dynamique, jeune, comprenant des Blancs du Middle West et des Noirs du Sud. Ces deux premières victoires donnent à Obama l'élan nécessaire pour affronter ce que la plupart des experts prévoient alors comme devant être le jour décisif.

5 février 2008 : le « Méga Mardi »

Le « Méga Mardi » tant annoncé par les médias promet de sonner la fin de la campagne des primaires pour les deux partis tant le nombre de délégués en jeu est important. Et c'est ce qui se produit dans le camp républicain, qui parvient à départager John McCain, sénateur de l'Arizona, Mitt Romney, ancien gouverneur du Massachussetts, et Mike Huckabee, ancien gouverneur de l'Arkansas. McCain ne remporte que deux États de plus que Romney – 9 contre 7 – mais creuse l'écart en termes de délégués : 602 contre 201, grâce notamment à ses victoires dans les deux États les plus peuplés, New York et la Californie. Au soir du 5 février, bien que Mike Huckabee, en refusant de se retirer, contraigne McCain à continuer à faire campagne pendant quelques semaines, le suspense est terminé. Le sénateur de l'Arizona sera le candidat du parti conservateur. Cette nomination annoncée est une surprise, puisque la campagne de McCain, qui s'était déjà présenté en 2000, a connu de grosses difficultés d'organisation et de financement. Mais les erreurs de Romney, et surtout de Rudolph Giuliani, ont laissé le champ libre au candidat que l'on n'attendait pas. Grâce à ses minces victoires dans le New Hampshire et la Caroline du Sud, McCain s'est imposé comme le moins « mauvais » des candidats républicains et bien qu'une grande partie de la base conservatrice ne le plébiscite pas, il lui revient désormais de porter la coalition conservatrice menacée d'éclatement après deux mandats de George W. Bush.

En revanche, du côté des démocrates, la journée ne parvient pas à départager les deux candidats. Les sympathisants démocrates ont submergé les bureaux de vote, battant tous les records de participation, afin de pouvoir participer à cette page de l'histoire américaine : envoyer une femme ou un Noir à la conquête de la Maison-Blanche. Bien que six mois plus tôt, la majorité des journalistes ait annoncé la victoire d'Hillary Clinton au soir du 5 février, la campagne a entre-temps pris un nouveau tour. Fort d'une infrastructure de campagne extrêmement compétitive et d'un financement rivalisant avec celui de la sénatrice de New York, le camp Obama s'est donné les moyens de résister. S'il arrive à contenir le raz-de-marée annoncé, ce peut être le tournant de la campagne. Et c'est précisément ce qui se passe. Malgré des défaites importantes dans de grands États (Californie, New York, New Jersey), Obama finit la journée avec une courte avance : 13 États gagnés contre 9 et 838 délégués contre 826[3]. Les deux candidats sont pratiquement à égalité. Tout reste à faire. Le champ lexical utilisé par la presse américaine en témoigne, qui met l'accent sur la division des voix et le *statu quo* (« *split* », « *divid* », etc.).

Onze victoires d'affilée

Les semaines qui suivent mettent en exergue une des erreurs majeures de la campagne Clinton. Persuadés que celle-ci serait finie au soir du « Méga Mardi », les conseillers de Clinton n'avaient pas construit une campagne pour durer. À la différence de leurs adversaires. Entre le 5 et le 19 février, Obama remporte onze primaires d'affilée, obtenant une avance d'environ 150 délégués que Clinton ne réussira jamais à combler.

Les tendances observées le 5 février se confirment. L'équipe Obama s'avère redoutable dans sa capacité à mobiliser lors des caucus, qu'elle remporte quasiment tous. Elle choisit également de ne pas faire d'impasse, en faisant campagne y compris dans les petits États, ce qui s'avère crucial puisqu'une large victoire dans un petit État peut faire gagner autant de délégués qu'une mince victoire dans un grand. Par exemple, le gain net d'Obama est de 12 délégués dans l'Idaho alors que celui de Clinton est seulement de 9 dans l'Ohio. La répercussion médiatique est moindre mais cette méthode est très efficace dans la course aux délégués, dont la logique mathématique est implacable. Cette négligence de la part des conseillers de Clinton est d'autant plus surprenante que l'équipe compte Harold Ickes, un des pontes du parti qui est à l'origine de cette réorganisation du scrutin des primaires en 1972. Mais en février, c'est Mark Penn

– qui avait organisé la réélection de Bill en 1996 – qui est aux commandes. Il faut attendre sa démission en avril pour voir Ickes, mais aussi Geoff Garin, jouer un rôle plus important[4]. Le 10 février 2008, Clinton limoge Patti Solis Doyle, qui est remplacée par Maggie Williams à la tête de sa campagne. Tous ces changements laissent apparaître des doutes dans la stratégie à adopter. En outre, la levée de fonds semble avoir été très mal gérée, puisque les premières difficultés surgissent à ce niveau dès après le « Méga Mardi ». Enfin, Obama semble désormais imbattable dans les États qui comptent une large population afro-américaine, comme dans le Sud. Pis, avec le « Potomac Tuesday » du 12 février, durant lequel votent le Maryland, la Virginie et le District de Colombie, Obama confirme qu'il est en mesure de conquérir une importante partie du vote blanc, en particulier chez les jeunes, les diplômés et les cadres supérieurs. Les seuls groupes qui restent fidèles au camp Clinton sont la frange populaire de l'électorat blanc, les femmes et les Hispaniques. Et cette coalition « clintonienne » va empêcher Obama de s'assurer rapidement la nomination.

Une course qui se prolonge

Le 4 mars, avec quatre primaires et un grand nombre de délégués à la clef, Obama a l'occasion de mettre fin au suspens. Compte tenu de son avance en nombre de délégués, une victoire marquée dans le Texas ou l'Ohio porterait l'estocade à la candidature Clinton. Mais en remportant l'Ohio avec une avance de 10 % et la primaire du Texas de quelques points (Obama remporte le caucus de ce même État), Hillary Clinton démontre qu'elle pas n'a dit son dernier mot. Le doute change désormais de camp. En ayant désormais plus d'argent que sa concurrente, Obama ne parvient pas à remporter la victoire décisive. L'adversité permet à Hillary Clinton de se donner une image de femme combative, qualité essentielle lors de l'élection générale. Ne serait-elle pas la mieux armée pour faire face à McCain ? Elle n'abandonne jamais et promet au peuple américain, avec

1. L'espoir du parti démocrate s'adresse à ses sympathisants lors d'une réception à Mount Pleasant, dans l'Iowa, le 3 juillet 2007.

2. « Barry » en classe de terminale : il a été scolarisé dans la prestigieuse Institution Punahou, à Honolulu (Hawaï), depuis l'école primaire.

3. L'image d'une famille modèle : Barack, son épouse Michelle et leurs deux filles, Malia (à droite), et Sasha (à gauche), le 2 novembre 2004.

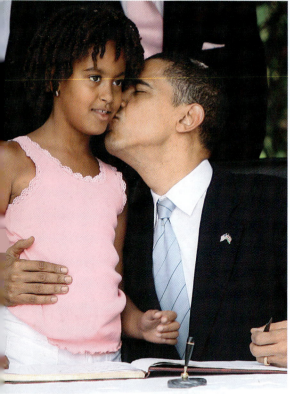

4. Le « père » et l'« homme politique » : Obama embrasse sa fille tandis qu'il rédige un mot à la mémoire des victimes de l'attentat de 1998 à l'ambassade américaine de Nairobi.

5. Le retour du fils prodigue : Obama en compagnie de sa grand-mère Sarah Hussein Obama dans la maison paternelle au Kenya, le 25 août 2006.

6. Longtemps en quête de ses racines, Obama confie que ses voyages au Kenya ont été une libération : « Tes cheveux poussent comme ils sont supposés pousser. Ici, tout le monde est noir et tu as juste à être toi. »

7. L'image inédite d'une Amérique réconciliée : le candidat noir serrant les mains de ses sympathisants, en majorité blancs, lors de son premier meeting à Austin (Texas) le 23 février 2007.

8. Deux « stars » : Barack Obama et George Clooney le 27 avril 2006 lors d'une rencontre sur le Darfour.

9. À Washington, moment de complicité avec le chanteur militant Bono, le 2 février 2006.

10. En conversation avec Hillary Clinton lors de la convention annuelle de la NAACP (organisation de défense des droits civiques des Noirs) le 19 juillet 2006 : un instant de connivence en attendant le duel ?

11. Un supporter d'Obama colleur d'affiches à Austin le 21 février 2008.

12. Badges de campagne.

13. Obama lors d'un meeting qui a réuni une foule de 75 000 personnes à Portland, Oregon, le 19 mai 2008.

14. En haut : Obama signe la une du *Times* lors de sa participation à une émission de radio à San Francisco, le 25 octobre 2006.

15. Au milieu : Obama s'apprête à monter sur scène pour parler à ses partisans à Portsmouth, New Hampshire, le 20 décembre 2007.

16. En bas : Obama et McCain lors d'une conférence sur le contrôle des lobbies, le 8 février 2006.

17. Nicolas Sarkozy et Barack Obama à Paris, le 25 juillet 2008.

18. Manifestation organisée à Paris par le Comité français de soutien à Barack Obama, le 21 juin 200

un brin de populisme, qu'une fois à la Maison-Blanche elle se battra pour lui avec la même énergie et une volonté implacable. Lors des trois derniers mois de la campagne, elle parvient à remporter 19 victoires contre 9 seulement pour Obama. Elle recueille 600 000 voix de plus que lui et remporte 509 délégués contre 472.

Face à cette Clinton « ressuscitée », comme la qualifient les médias, Obama accumule les difficultés. Ses propos maladroits au sujet de l'Américain « amer », qui se raccroche à son arme à feu dans un contexte de crise économique *(bitter gate)*, les options jugées extrémistes de son pasteur Jeremiah Wright Jr., sont un frein à son irrésistible ascension. Mais les opportunités pour Clinton de revenir mathématiquement dans la course aux délégués s'amoindrissent à mesure que la campagne approche de son terme. Les deux adversaires se rendent coup pour coup. Si Clinton parvient à remporter la Pennsylvanie de 8 points, Obama gagne la Caroline du Nord de 14 points. Dans l'Indiana, ils font jeu égal[5]. Plus grave pour Hillary Clinton : ses dernières victoires ne se traduisent pas par un regain d'intérêt des super-délégués, les seuls à pouvoir encore inverser la tendance. Contrairement à une idée fort répandue, les Clinton ne contrôlent pas les instances du parti démocrate. La frustration dans le camp Clinton atteint son paroxysme au cours des dernières semaines, qui s'achèvent sur une situation paradoxale : chaque victoire – trop courte – d'Hillary Clinton la rapproche de sa défaite finale… Selon l'expression de Charlie Cook, cela s'apparente à un « purgatoire politique[6] ». Petit à petit, les super-délégués prennent conscience qu'Obama est un candidat capable de mobiliser un nouvel électorat, ce qui est un atout dans la perspective de l'élection générale. Les sondages n'indiquent pas que Clinton aurait plus de succès face à McCain et surtout, en favorisant Clinton, le parti menacerait de se mettre à dos l'électorat afro-américain. Fidèle aux démocrates, celui-ci est crucial pour une victoire à la Maison-Blanche mais aussi au Congrès et dans la législature de chaque État. Certains des plus fervents partisans d'Hillary Clinton, se rallient alors à la candidature d'Obama, dans l'espoir de pouvoir réconcilier le plus vite possible les deux ailes du parti qui se sont affrontées, parfois durement, pendant plusieurs mois.

Le 3 juin, les deux dernières élections primaires, qui ont lieu dans le Dakota du Sud et le Montana, scellent la victoire définitive du sénateur de l'Illinois : « Ce soir, nous arrivons à la fin d'un trajet historique et nous en entamons un autre, qui verra se lever un jour nouveau sur l'Amérique. » Qui aurait prédit en 2007 un tel dénouement ? Aucun candidat, pas même Jimmy Carter en 1976, n'est parti de si loin pour gagner l'investiture démocrate. Pourtant, cette victoire contre toute attente ne tient pas du miracle. Elle s'explique par des facteurs objectifs. Elle relève de la rationalité politique.

Comment a-t-il fait[7] ?

S'il y a bien un « phénomène Obama » – d'après un sondage du *L.A. Times*, 45 % des partisans de McCain se disent passionnés par cette élection, contre 81 % pour ceux du candidat démocrate –, l'ascension du sénateur de l'Illinois ne tient pas à son seul charisme. Dans l'Amérique profonde, le talent oratoire n'est pas la donnée première pour convaincre l'électorat, qui se méfie souvent de l'art rhétorique des élites de Harvard. Comment Obama est-il devenu le favori de l'élection présidentielle, seulement trois ans après son élection au sénat des États-Unis ? Comment a-t-il réussi à battre Hillary Clinton, alors que les sondages le faisaient partir avec un retard d'une vingtaine de points ? Cette ascension constitue une leçon de savoir-faire politique.

La première clef de la réussite tient au choix d'une idée-force. S'adressant directement au peuple américain, Obama a su relier son histoire personnelle à celle de la nation américaine : « Mon histoire – celle d'un enfant d'immigrant issu d'une famille modeste et arrivé au sommet – ne peut se passer qu'aux États-Unis d'Amérique. Déchiré entre deux identités, j'ai su me réconcilier avec moi-même. C'est cette tâche – celle de l'unité – que nous devons nous fixer collectivement ». Le sujet « nous » est celui qui se retrouve le plus dans les discours d'Obama, en référence permanente aux premiers mots de la Déclaration d'indépendance du 4 juillet 1776 : « *We, the People* ». Parlant d'elle-même ou de son adversaire, Hillary Clinton a omis de s'adresser au peuple américain. En se polarisant sur les défauts de son concurrent – Obama l'inexpérimenté, Obama l'élitiste, etc. –, elle a donné cette impression de ne rien avoir à proposer pour la nation. C'est cette erreur qui avait coûté la victoire à Richard Nixon en 1960. Lors des débats télévisés, celui-ci ne cessait de regarder son adversaire, John Kennedy, alors que ce dernier fixait la caméra, comme s'il voulait souligner que son seul interlocuteur était le peuple américain.

Un des moments qui ont peut-être défini la campagne démocrate est le dîner organisé par le parti démocrate de l'Iowa le 10 novembre 2007, alors que Clinton est en tête dans tous les sondages. Devant un parterre d'électeurs, elle prononce un discours classique tout autant que partisan. Elle est sur le pied de guerre. Les républicains n'ont qu'à bien se tenir car elle entend se battre bec et ongle pour redonner la Maison-Blanche au parti. La foule répond chaleureusement, satisfaite que la hache de guerre soit déterrée. Barack Obama, qui passe juste après elle, prononce un discours d'une tout autre nature ce soir-là. Face à un pays qui n'a plus foi en ses institutions et ses leaders, Obama s'adresse « non pas seulement aux démocrates mais aussi aux indépendants et aux républicains qui ont perdu confiance en leur gouvernement et veulent y croire à nouveau ». Il critique très vivement la vieille garde de Washington (dont fait partie Clinton même s'il ne la mentionne pas) et propose une vision du changement radicalement différente de celle présentée par Clinton. Pour lui, le changement doit venir du peuple et des individus : « Parce qu'un individu s'est levé, quelques autres se sont levés. Puis des milliers se sont levés. Et puis quelques millions se sont levés. Et debout, avec courage et un but précis, ils ont réussi, tant bien que mal, à changer le monde. » Cette vision du changement social basée sur la spontanéité d'un peuple – la multiplication des réseaux se propageant inexorablement comme une onde de choc, sans hiérarchie mais par la collaboration – semble plus en phase avec l'Amérique de 2008 que le discours un peu éculé d'une candidate faisant de la politique « à l'ancienne ».

Obama a choisi d'occuper l'espace politique du « changement », thème porteur dans une nation qui aime à se penser en renouvellement permanent. Il a su jouer sur un discours anti-washingtonien, qu'il sait payant dans un État fédéral, où chacun entend préserver ses libertés et son particularisme local : « Je ne connais pas bien les rouages de Washington, mais je les connais suffisamment pour savoir qu'il faut en changer ». Hillary Clinton a donné du crédit à la stratégie d'Obama en choisissant d'insister sur son expérience. Que les partisans de Clinton finissent par reprendre les slogans d'Obama – scandant « *Yes She Can* » lors des discours de leur candidate – témoignait du fait que c'était ce dernier qui imprimait le mouvement à cette campagne. Or, c'est celui qui impose son thème qui a le plus de chance de l'emporter. McCain, stigmatisant le « mauvais changement » d'Obama, par opposition au « bon changement » que lui seul incarnerait, commet dès la fin des primaires démocrates la même erreur qu'Hillary Clinton : suivre son adversaire dans la direction qu'il a choisie.

Au-delà de ces éléments de communication politique, le succès d'Obama tient à l'organisation de sa campagne, qui est un modèle d'efficacité. Obama n'a pas seulement utilisé des recettes déjà existantes, il en a inventé de nouvelles. William Galston a justement déclaré qu'Hillary Clinton avait conduit la dernière campagne du XXe siècle et Barack Obama la première du XXIe siècle en devenant le premier « cyber candidat ». Grâce à cette campagne en « toile d'araignée », Obama a forcé Clinton à s'adapter à lui, ce qu'elle n'a réussi à faire que trop tard. La campagne des primaires démocrates a commencé sur Internet, avec, en juillet 2007, des questions posées aux différents candidats à l'investiture *via* le site de partage vidéo YouTube. Lors de la convention démocrate, 300 blogeurs ont reçu, pour la première fois de l'histoire, l'accréditation prisée par les journalistes du monde entier. Obama a utilisé toutes les armes du Net : outre son site, confié aux meilleurs spécialistes, il dispose d'un profil LinkedIn, d'un compte Twitter, de son profil MySpace, d'une chaîne sur YouTube, d'un profil Facebook, de sa page Gather, d'un compte sur Digg, d'une page sur MyGrite, etc. Sa levée de fonds en ligne a été la clef de sa réussite : 1,5 million de donateurs en ligne, dont plus de 800 000 se sont inscrits sur son propre réseau social. Moins de la moitié des fonds – qui ont atteint le niveau record de 265 millions de dollars – proviennent de dons de 200 dollars ou moins. Obama a également utilisé les wikis, des outils collaboratifs en ligne, ainsi que des boîtes à idées, instruments de la démocratie participative qu'il appelle de ses vœux.

Mais il faut apporter des limites à ce constat de nouveauté. Internet ne se substitue pas aux autres médias : il leur est complémentaire. Car si les internautes vont sur YouTube, c'est pour écouter les discours de leur candidat favori, qu'il prononce – de manière traditionnelle – dans des salles et devant un public qui n'ont rien de virtuel. Et si l'équipe d'Obama utilise le Net, c'est pour récolter de l'argent qui sert à financer des spots qui ne sont pas destinés à la Toile, mais bien à la télévision.

Les succès d'Obama correspondent à des erreurs de Clinton. La levée de fonds de cette dernière, en privilégiant les gros donateurs, s'est essoufflée, se heurtant à la règle de plafonnement des dons. Elle a négligé les États à caucus, pensant que son électorat ne se mobiliserait pas pour ses consultations qui imposent un investissement horaire important. Elle s'est entourée de gens loyaux, à défaut d'être toujours compétents. Enfin, elle n'avait pas prévu que sa campagne devrait durer au-delà du Super Tuesday, qu'elle pensait à tort décisif. Obama, en outsider, avait organisé une campagne dans la durée. Le chef de sa campagne, David Plouffe, était en Caroline du Nord dès le mois de février, pour un vote qui ne se tiendrait que le 6 mai...

8

De l'investiture à la présidence

Dès qu'il a été investi par le parti, c'est-à-dire dès que l'élection primaire a été virtuellement gagnée, Barack Obama est devenu le chef de ce parti. Le *chairman* du Democratic National Committee, Howard Dean, s'est effacé devant le candidat vainqueur. À partir de ce moment-là, il dirige le parti, ses moyens humains et financiers. C'est maintenant lui qui choisit d'aider tel ou tel candidat aux législatives (qui se déroulent au même moment pour un tiers du Sénat et l'ensemble de la Chambre des représentants). Il doit aussi décider s'il est préférable de mener une campagne présidentielle séparée des législatives ou si la conquête de la Maison-Blanche et la consolidation de la majorité démocrate du Congrès sont possibles simultanément. En 2008, Barack Obama a une opportunité historique puisque s'il est élu, il pourra compter sur un Congrès à majorité démocrate dans les deux chambres, ce que Bill Clinton n'avait pas connu. L'argent levé pour les primaires, s'il ne peut être employé pour l'élection générale, peut être reversé au parti et profiter ainsi aux élections du Sénat et de la Chambre des représentants. Il est possible aussi de cumuler cet effort financier avec des thèmes de campagne qui reprennent au niveau local les axes du programme du candidat à la présidentielle. Enfin et surtout, cette coordination des campagnes peut porter ses fruits si elle permet d'augmenter la mobilisation des électeurs, facteur clef des élections et force du candidat Obama. Les campagnes d'inscription sur les listes électorales et le porte-à-porte des militants assurant une participation maximale des sympathisants du parti sont deux domaines coûteux en moyens humains mais qui peuvent s'avérer décisifs. Suivant que l'ambition du candidat aura été de reprendre la Maison-Blanche ou bien de lancer un mouvement politique susceptible de rivaliser avec le mouvement conservateur qui domine la vie politique américaine, on connaîtra deux campagnes différentes et, potentiellement, deux présidences différentes. La nature de la présidence ainsi que ses capacités d'action se jouent donc dès la fin des élections primaires.

Le choix du colistier

Mais un président n'est pas tout seul à être élu. Les Américains votent pour une équipe, un *« ticket »*. Une fois passé le premier test de l'élection primaire, le candidat doit négocier avec les poids lourds du parti afin de déterminer qui pourrait être son vice-président. Ces tractations sont de nature, encore une fois, stratégique dans le but de battre le parti adverse. Et encore une fois le mode de scrutin a une influence considérable sur les tactiques des partis et des candidats. Tout d'abord, les élections primaires se gagnent dans les ailes des partis alors que les élections nationales se gagnent au centre, notamment en réussissant à mobiliser les indépendants et les indécis. Chaque candidat doit donc adapter son message en conséquence et choisir un vice-président qui compense, ou complète, ses qualités et ses défauts, en vue d'attirer les modérés. Barack Obama pourrait être tenté de choisir en tant que vice-président un homme blanc, plus âgé, avec une forte expérience militaire ou internationale. Cependant, le choix du vice-président sert avant tout à apporter des voix. Une autre stratégie est donc de choisir, par exemple, un vice-président très populaire dans une région du pays où le candidat l'est moins. Tout dépend du besoin du candidat et des attentes de l'électorat. Un vice-président du Sud serait très utile à un candidat du Nord. En effet, l'axe historique Nord-Sud représente encore aujourd'hui une frontière primordiale en termes de comportement électoral, à la fois dans la pratique mais aussi dans la thématique. Néanmoins, il n'est pas le seul. Un vice-président de l'Ouest peut être utile pour un candidat de l'Est. Et c'est là un des buts des élections primaires. Les petits candidats savent pertinemment qu'ils n'ont aucune chance d'être élus mais se placent stratégiquement pour devenir le vice-président dont le parti ne pourrait se passer. Un candidat du Sud authentique, avec un accent du Sud, un *Southern Baptist* tel que John Edwards, est venu compléter, sans succès, l'enracinement au Nord de John Kerry. Un candidat tel que Bill Richardson, le gouverneur du Nouveau-Mexique, d'origine mexicaine, pourrait rendre service puisqu'il apporterait des voix hispaniques et est un vrai candidat de l'Ouest, un démocrate pro-armes à feu et, accessoirement, un ancien de l'administration Clinton. On sait que le Sud-Ouest est perçu par le parti démocrate comme une région clef et que c'est pour cette raison qu'il a avancé le caucus du Nevada à la mi-janvier. Un dernier axe essentiel dans le choix du colistier est bien entendu l'axe idéologique. Les deux grands partis sont divisés en deux, modérés et conservateurs pour le parti républicain, et pour le parti démocrate, modérés et *liberals*, ce terme désignant la gauche du parti.

Cette approche électoraliste dans le choix du colistier n'est pas sans présenter quelques inconvénients. Un choix purement électoral s'effectue souvent au prix de l'entente entre les deux individus. On se souvient des difficultés rencontrées par John Kennedy et Lyndon Johnson, exemple parfait d'un compromis Nord-Sud entre les deux élus du Massachusetts et du Texas. De leur relation dépend le bon fonctionnement de la présidence, en particulier en période de crise. Depuis le 11 Septembre, une telle éventualité est présente dans tous les esprits. Il apparaît donc primordial que les affinités personnelles jouent un rôle prépondérant dans cette nomination. Car il s'agit bien là d'une nomination. Il s'agit même de la première nomination d'un président potentiel. Une des prérogatives du président des États-Unis est le pouvoir de nomination des juges, des ministres, des ambassadeurs et de nombreux autres postes de la haute fonction publique américaine. Lourde responsabilité qui nécessite une capacité d'évaluation de la valeur d'un collaborateur. Enfin, depuis Dick Cheney, le rôle du vice-président a nettement évolué : il est devenu une sorte de Premier ministre en contact avec le gouvernement et le Congrès. La jeunesse et l'inexpérience de Barack Obama même face à un Congrès à majorité démocrate, pourraient lui jouer des tours. C'est pour cette raison qu'il serait judicieux de choisir un homme qui ait une longue expérience de la négociation au sein du Congrès et qui soit apprécié de ses pairs. La clef du succès d'une éventuelle présidence Obama sera sa capacité à travailler avec le Congrès afin de mener à bien les réformes de son programme. En fait, d'éviter les erreurs de la présidence Carter. Dans ce domaine, le choix du vice-président peut s'avérer déterminant.

La plupart des décisions stratégiques d'une campagne sont le fruit de l'équipe de conseillers du candidat, alors que le choix du vice-président potentiel éclaire sur les orientations personnelles d'un candidat et représente sa première décision à la tête de l'exécutif. Il révèle aussi à l'électorat la place et le rôle des candidats au sein de leurs partis respectifs. Durant les semaines précédant la désignation, le candidat présidentiel croule sous les sollicitations des membres de son parti mais aussi des groupes de pression. De surcroît, la façon dont le colistier est sélectionné est une indication du processus décisionnel. La démarche extrêmement publique et contraignante d'Al Gore en 2000 avait froissé certains dirigeants du parti. Opter pour une autre approche permet de se démarquer de ses prédécesseurs. Enfin, le choix du colistier donne un aperçu de l'idée que le candidat se fait de la fonction de vice-président. Un choix électoraliste montrerait que le président n'a pas l'intention de confier des tâches importantes à son vice-président [1]. McCain et Obama incarnent deux visions de ce qu'est un Américain. Le premier, héros du Vietnam, sera pour certains le vrai Américain, aux origines WASP. Le second, fils d'immigrant, affirmera être à l'image de cette nation de migrants qui laisse sa chance à tous. C'est le sens de son slogan : « *Reclaiming the American Dream* » (redonner corps au rêve américain). Pourtant, au moment de choisir le colistier, chacun cherchera à contrebalancer son image en empruntant à celle de l'autre. Obama choisira probablement un WASP et McCain peut-être quelqu'un issu des minorités, comme, si dans l'Amérique de 2008, chaque identité avait besoin de l'identité inverse, vue comme complémentaire. Preuve que le discours d'Obama est en phase avec les évolutions du pays.

Le système des grands électeurs

Une des raisons pour lesquelles le choix du vice-président est primordial est due à la nature même du système électoral. L'élection du président de la République aux États-Unis se fait au suffrage indirect majoritaire État par État. Une fois que les candidats de chaque parti ont été désignés lors des conventions, la campagne présidentielle à proprement parler débute. Mais, là encore, cette élection est indirecte. Chaque État organise une élection visant à désigner les grands électeurs (*electoral college*) qui voteront pour le candidat du parti. À chaque État correspond un nombre de grands électeurs relatif au poids de sa population. Depuis 1964, le total des grands électeurs a été arrêté à 538, représentant le nombre d'élus au Congrès, soit 435 à la Chambre des représentants, 100 au Sénat, plus 3 pour le district de Colombie. Car, bien que le district de Colombie ne possède pas de représentation politique à Washington, les Pères fondateurs y craignant une concentration des pouvoirs, le 23e amendement de la Constitution lui octroie tout de même 3 grands électeurs pour les besoins de l'élection présidentielle. Un candidat doit obtenir au moins 270 votes pour être élu. Si aucun candidat n'atteint ce chiffre, ce sont les membres de la Chambre des représentants qui élisent le président et les membres du Sénat qui élisent le vice-président. Dans ce cas, les membres de la Chambre des représentants votent par État jusqu'à ce qu'un candidat obtienne 26 des 50 voix possibles. Si le Sénat est à égalité, le vote décisif revient au vice-président en fonction. En théorie, une indécision à la suite de l'élection pourrait se produire si deux candidats obtenaient 269 grands électeurs chacun. Ce scénario est plus plausible si un troisième candidat indépendant obtient quelques voix – ce qui ne s'est pas produit depuis 1968 lorsque l'ancien gouverneur de l'Alabama, George Wallace, obtint 46 votes de grands électeurs en tant que candidat du parti américain indépendant; même en 1992, Ross Perot avait obtenu 19 % du vote populaire mais aucun vote de grands électeurs. Les élections, dans la plupart des États, sont à scrutin majoritaire simple (sauf le Maine et le Nebraska), c'est-à-dire que le parti vainqueur remporte l'ensemble des grands électeurs attribués à cet État[2]. Ainsi, avec ce système, un candidat peut obtenir la majorité des votes des grands électeurs sans nécessairement avoir obtenu la majorité des suffrages populaires. On se souvient, en 2000, de la controverse en Floride (quatrième État le plus peuplé et qui représente 27 grands électeurs), où le décompte fut interrompu par la Cour Suprême pour donner la victoire à George W. Bush en termes de grands électeurs, alors qu'Al Gore avait obtenu une courte majorité du vote populaire au niveau national.

Il ne suffit donc pas de gagner la majorité plus une voix du vote populaire mais de rassembler le nombre suffisant de grands électeurs qu'offre chaque État. Par exemple, un candidat n'a pratiquement aucune chance d'être élu s'il ne gagne pas un des trois États les plus peuplés: la Californie, le Texas et New York. Cependant, le pourcentage de voix obtenues dans chaque État ne change pas l'issue du scrutin. Obtenir 100 % des voix d'un État ne sert à rien car le nombre de grands électeurs final est le même si le candidat obtient 51 %. Le but n'est donc pas de cumuler le plus de voix partout dans le pays mais d'utiliser ses ressources pour maximiser le nombre de grands électeurs. Il est préférable de remporter de courtes victoires dans une majorité d'États plutôt que des victoires écrasantes dans quelques-uns. Par conséquent, les États ayant un taux d'abstention très élevé ne sont pas pénalisés. Leur nombre de grands électeurs, et donc leur poids politique, n'est pas fonction du nombre de votants. De plus, les États dans lesquels un candidat possède une avance raisonnable dans les sondages se verront abandonnés des campagnes électorales. En 2004, George Bush et John Kerry se sont à peine déplacés en Californie tant l'avance du démocrate y était confortable (les démocrates se déplacent tout de même en Californie régulièrement pour y lever des fonds, cet État étant la machine à sous du parti). Ce phénomène est une des raisons avancées par les Californiens pour avoir changé la date des élections primaires. La Californie est l'État le plus peuplé et représente 55 grands électeurs mais sera encore délaissée en 2008 puisque son électorat est majoritairement démocrate. Le gouverneur Arnold Schwarzenegger est un homme politique atypique et un républicain extrêmement modéré. De plus, le sentiment anti-Bush est très fort dans cet État progressiste et écologiste. La seule élection sur laquelle la Californie pouvait espérer peser était l'élection primaire, ce qui ne fait rien pour atténuer l'abstention déjà très élevée. À quoi bon se déplacer lorsque le résultat est pratiquement assuré à l'avance et ce, même pour les sièges au Congrès ? Dans ces États, les électeurs sont aussi plus susceptibles de voter pour un troisième candidat indépendant. En revanche, des États plus petits décident parfois du résultat de la présidentielle. Toujours en 2004, il fallut attendre les résultats du dernier État, l'Ohio, qui représente en 2008 20 grands électeurs, pour savoir si le président sortant était réélu.

Ce système de grands électeurs a été mis en place pour éviter que les petits États ne deviennent les grands oubliés de l'élection présidentielle. Le jour de l'élection nationale, les électeurs se déplacent aux urnes pour voter pour un candidat mais votent en fait pour un corps intermédiaire dont le nombre varie en fonction de la représentation politique de l'État à Washington, et donc du poids relatif de sa population. Chaque État possède un nombre de membres à la Chambre des représentants relatif au poids de sa population qui est calculé tous les dix ans grâce au recensement. En revanche, chaque État possède 2 sénateurs. Ainsi, le nombre minimal de grands électeurs que peut obtenir un État est 3 (un représentant et deux sénateurs). Ce qui soulève un problème de légitimité de représentation électorale. En effet, le poids électoral des États les moins peuplés est bien supérieur à celui des États les plus peuplés. Pour prendre un exemple extrême, le nombre de voix que représente un grand électeur du Wyoming, en 2008, est de 171 000 alors que pour le Texas, ce chiffre est de 691 000. Ce système a été mis en place pour diluer le poids politique des régions qui auraient des intérêts divergents du reste du pays, en fait, pour éviter que les hommes politiques ne fassent campagne que dans les grandes métropoles. Le but est aussi d'empêcher que ne soit élu un candidat qui l'aurait emporté très largement dans une poignée d'États très peuplés. Pourtant, ce risque existe toujours puisque, mathématiquement parlant, un candidat n'a besoin que de 270 grands électeurs pour être élu, ce qui représente, en 2008, les votes des 11 États les plus peuplés : la Californie (55 votes), le Texas (34), New York (31), la Floride (27), l'Illinois (21), la Pennsylvanie (21), l'Ohio (20), le Michigan (17), la Géorgie (15), le New Jersey (15) et la Caroline du Nord (15). Toutefois, un tel scénario est très improbable. Tout comme l'adoption d'un système de vote à la proportionnelle d'ailleurs : les petits États y sont farouchement opposés[3] et les deux grands partis politiques n'ont rien à gagner à adopter un système qui permettrait l'émergence d'un troisième. Même à la suite du scandale de l'élection de 2000, aucune réforme n'a pu être adoptée.

La carte électorale en 2008

Les indicateurs sont favorables pour les démocrates. Dans un contexte de crise, l'économie, le pouvoir d'achat, l'assurance – santé, sont au cœur de la campagne, thèmes chers aux démocrates. Il y a quatre ans, les enquêtes à la sortie des urnes avaient révélé que la question des « valeurs » était la première préoccupation des Américains, ce qui avait favorisé les républicains. Avec un président très impopulaire, le candidat qui incarne l'équipe sortante part avec un handicap. 2008 apparaît de prime abord comme une année d'alternance, où la demande de changement est forte. C'est ce qu'avait pressenti Obama qui a fait de la phrase « un changement auquel on peut croire » (« *Change we can believe in* ») son slogan depuis le début de sa campagne.

Mais l'élection présidentielle pourrait être encore une fois extrêmement serrée. John Kerry, malgré sa défaite en 2004, avait obtenu 48,3 % du vote populaire. Il avait remporté 251 grands électeurs et 19 États, plus le District de Colombie. La tâche d'Obama sera donc de conserver ces États et d'en ajouter plusieurs autres, en tête desquels figurent les États de l'Ouest où l'équilibre partisan est le plus fort. Le Nouveau-Mexique (5 grands électeurs), le Nevada (5) et le Colorado (9). Obama espère aussi gagner l'Iowa (7) dans lequel lors des caucus de novembre, l'estimation du nombre de personnes ayant voté pour lui (90 000) est presque égale au total de voix récoltées par les républicains tous ensemble (118 000). Trois autres États voisins de l'Illinois pourraient basculer du côté démocrate : l'Indiana (11), le Missouri (11) et le Wisconsin (10). Enfin, après avoir passé beaucoup de temps à faire campagne lors de la primaire démocrate en Virginie (13), l'équipe Obama a bon espoir de remporter cet État du Sud, ou au moins d'y être suffisamment compétitif pour forcer McCain à y dépenser beaucoup d'argent, argent qu'il ne pourra investir ailleurs. Il faudrait une très forte mobilisation afro-américaine (ce qui au vu des primaires, n'est pas inconcevable) pour vaincre la majorité conservatrice. Une coalition entre Blancs et Noirs pourrait faire basculer certains États du Sud – comme la Caroline du Nord (15) ou la Géorgie (13) –, solidement ancrés du côté républicain depuis des décennies.

De son côté, McCain pense pouvoir emporter le New Hampshire (4) dans lequel il est très connu pour y avoir fait campagne dès 1999. Il attend beaucoup du Michigan (17) dont la situation économique est désastreuse et où les démocrates sont moins populaires, et de la Pennsylvanie (21) où il compte sur le vote des Blancs les plus modestes. Comme en 2004, l'Ohio (20) pourrait départager les candidats. L'équilibre politique du Congrès – un tiers du Sénat est renouvelé et l'ensemble de la Chambre des représentants – se joue également le 4 novembre. C'est pour cette raison que le camp Obama, fort d'un financement à la hauteur de ses ambitions, a décidé d'investir des fonds dans 14 États gagnés par George W. Bush en 2004 (l'Iowa, le Nouveau-Mexique, l'Ohio et le Nevada évidemment, mais aussi le Colorado, la Floride, le Missouri, la Virginie, la Caroline du Nord, le Montana, le Dakota du Nord, l'Indiana, la Géorgie et l'Alaska). Obama n'a pas la naïveté de penser qu'il peut remporter tous ces États mais il cherche – *via* ses investissements pour la présidentielle – à peser indirectement sur les élections du Congrès. La stratégie classique d'investir massivement dans une poignée d'États clefs n'est pas celle du jeune candidat démocrate. Obama, qui espère créer un mouvement national, entend affronter son adversaire sur son propre terrain et ne négliger aucun État. Il veut obtenir la plus grande majorité possible au Congrès pour se donner les moyens de sa politique une fois élu. Ce choix tactique traduit la confiance des démocrates.

Mais si en tant que démocrate, Obama est incontestablement le favori de l'élection, la personnalisation du débat, inhérente au régime présidentiel, peut fausser ce pronostic de victoire.

Obama contre Obama

Le facteur personnel apparaît cette année d'autant plus déterminant que la personnalité atypique d'Obama peut désorienter de nombreux électeurs. Elle fait indéniablement peser une incertitude sur le résultat du scrutin. En ce sens, l'adversaire principal du sénateur sera lui-même. Il devra faire un effort de pédagogie pour mieux se faire connaître des Américains. Un récent sondage indique qu'ils sont encore 1 sur 10 à le croire musulman. La machine à rumeurs des républicains pourrait s'avérer efficace du fait des origines d'Obama. Ce dernier aurait été éduqué dans une madrasa. C'est ce qu'affirme depuis 2004 le juriste Andy Martin, dont le quotidien de Chicago *The Tribune* a révélé les antécédents judiciaires. Dans *The situation Room* sur CNN, le 11 décembre 2006, l'analyste politique Jeff Greenfield critique Obama pour ne pas avoir porté de cravate, ce qui l'associerait, sur le plan du style vestimentaire, au président iranien Mahmoud Ahmadinedjad. L'élection d'Obama constituerait une victoire des terroristes. À la mi-juillet 2008, la couverture du *New Yorker*, magazine de gauche, entend tourner en dérision les rumeurs qui circulent sur le candidat démocrate : on le voit vêtu d'un turban et d'une djellaba tandis que son épouse, telle une Black Panther, arbore une coupe afro et un fusil en bandoulière. En arrière-plan, le drapeau américain brûle sous le portrait de Ben Laden.

L'équipe de campagne d'Obama décide de créer un site dédié à la lutte anti-diffamation : Fightthesmears. com. Par exemple, la rumeur selon laquelle Obama, à son entrée au Sénat, aurait prêté serment sur le Coran, est démentie par un lien qui dirige l'internaute vers une photo où on le voit prêter serment sur la Bible. Face à la rumeur selon laquelle Obama ne serait pas un citoyen américain et serait en réalité né au Kenya (ce qui le rendrait inéligible), l'équipe du site a scanné et publié l'acte de naissance du candidat. Le commentaire insiste sur l'année de naissance d'Obama : 1961, soit deux ans après l'adhésion des îles Hawaï à l'Union (le 21 août 1959). Le site dispose également d'une rubrique où les partisans d'Obama peuvent alerter l'équipe de campagne lorsqu'une nouvelle rumeur circule sur internet ou par le biais d'e-mails envoyés en masse ou d'appels téléphoniques préenregistrés. L'équipe de campagne d'Obama a donc choisi la transparence pour faire face à ces rumeurs. Cette stratégie peut être à double tranchant : répondre aux allégations diffamatoires en apportant d'autres éléments peut aussi bien faire taire les rumeurs que les alimenter. Cela pourrait créer un climat de surenchère entre les chargés de campagne d'Obama et ses détracteurs[4].

Pour John K. Wilson[5], les attaques les plus dures sont celles qui lui viennent de son propre camp. Elles se sont accentuées depuis qu'Obama a opéré un recentrage de son discours, après sa victoire lors des primaires. Cette démarche est pourtant conforme, comme le précise la stratège Leslie Sanchez, à la stratégie de tous les candidats depuis Richard Nixon : mener une campagne idéologique afin de solidifier la base de leur parti lors des primaires, puis adopter une posture plus centriste lors de l'élection générale, afin de gagner le vote des indépendants. Les propos d'Obama refusant de condamner la peine de mort ou le port d'armes sont à comprendre dans cette perspective. La gauche juge ses positions trop conservatrices sur certains sujets de société, comme le mariage homosexuel. Michael Bauer, célèbre activiste gay, l'accuse même de bigoterie. Pour Obama, une union civile accordant les mêmes droits à tous les individus est un compromis acceptable et surtout le seul réaliste. Pourtant, l'Église à laquelle il appartenait alors, la United Church of Christ, soutient le mariage homosexuel. Pour cette organisation, au sein de laquelle les Afro-Américains sont majoritaires, le parallèle avec la lutte pour les droits civiques des années 1960 est évident. Les lois Jim Crow et la ségrégation ont interdit trop de mariages entre Blancs et Noirs pour ne pas compatir au sort de ces autres citoyens. Mais Obama sait que la majorité de l'opinion est hostile au mariage homosexuel et que les républicains ne manqueraient pas d'utiliser des prises de position trop progressistes à son désavantage.

Alors qu'il avait maintes fois marqué sa sympathie à la cause palestinienne, les propos d'Obama devant l'AIPAC – American Israel Public Affairs Committee – sur Jerusalem, seule capitale d'Israël, ont été critiqués par une partie de la gauche. Une fois encore, ce discours doit être replacé dans un contexte politique où le soutien de la communauté juive américaine, qui vote aux trois quarts pour les démocrates, lui sera indispensable. Certains gauchistes, comme le blogeur Glen Ford, qualifient Obama d'« impérialiste » et l'accusent de soutenir la « doctrine

Bush », parce qu'il se refuse à condamner toute action militaire. Il avait en effet déclaré qu'il n'était pas hostile à toutes les guerres, mais seulement aux « guerres stupides ».

Par ailleurs, la capacité d'Obama à lever des sommes astronomiques le rend suspect aux yeux des progressistes. Robert Jensen, professeur de journalisme à l'University of Texas à Austin lui reproche d'accepter « le jeu du big money ». Le jeudi 19 juin, dans une vidéo diffusée sur son site officiel, Barack Obama annonce qu'il renonce au financement public pour sa campagne présidentielle. En août 2007, il s'était pourtant engagé à respecter ce système qui limiterait les dépenses des candidats à 84,1 millions de dollars. Le « Daily Show with Jon Stewart », sur la chaîne Comedy Central, se moque du retournement de veste d'Obama, estimant qu'« on dit des choses qu'on ne pense pas avant de devenir riche ». Les satiristes ont poursuivi la parodie en transformant son slogan « Yes, we Can », en « Yes, we Should, considering the circumstances ». Les électeurs pourraient cependant ne pas lui en tenir rigueur. Les enquêtes d'opinion montrent qu'une majorité d'Américains est hostile au financement public – *via* leurs impôts – des campagnes électorales.

Enfin, plus profondément, les attaques émanant de la gauche contestent la méthode politique d'Obama, faite de recherche du compromis avec le camp adverse. Pour David Sirota, il n'y a pas de « troisième voie » ni de consensus à chercher entre des voies opposées. Le pragmatisme d'Obama serait une forme de compromission. Ezra Klein affirme, non sans provocation, l'importance de positions idéologiques fermes : « Nous voulons un diviseur, pas un rassembleur. » Pour John K. Wilson, la démarche d'Obama ne se résume pas en une simple opération politique déstinée à marier la gauche de son parti avec le centre. Il s'agit de construire un calendrier de réformes progressistes pragmatiques fondées sur les idéaux communs. Il ne veut pas penser que l'opinion publique est hostile à toute réforme avant d'avoir fait l'effort de la convaincre de la nécessité de changer. John K. Wilson, plutôt qu'à Kennedy, compare Obama à Reagan, dans sa capacité à séduire une partie du camp adverse. Il pourrait y avoir des « *Obama Republicans* » comme il y a eu des « *Reagan Democrats* ». Obama serait le premier politicien depuis longtemps qui porte des valeurs progressistes tout en utilisant une réthorique qui appelle à un franchissement des barrières partisanes. Il entend que sa campagne s'intègre dans un large mouvement de justice sociale, qui permettrait de faire bouger les lignes politiques et de convaincre les membres du Congrès qui sont le plus attachés au *statu quo*.

9

Le duel Obama-McCain

Les élections primaires entre Clinton et Obama ont opposé deux personnalités, à défaut de présenter des positions antagonistes, puisqu'ils appartenaient au même parti. Face à McCain, le choix idéologique est plus évident. Néanmoins, les différences de style et de personnalité peuvent s'avérer cruciales pour une grande partie de l'électorat. Le régime présidentiel implique une personnalisation du débat.

Il serait difficile de trouver candidats plus antinomiques. Obama, l'intellectuel de 46 ans, ancien professeur de droit constitutionnel, né à Hawaï, et John Sidney McCain III, l'ancien soldat des Marines de 72 ans, héros de la guerre du Vietnam, né sur une base militaire au Panamá, fils et petit-fils d'amiral. L'un entend incarner le rêve américain et l'autre la grande tradition militaire et politique des États-Unis. L'un est né après le baby-boom, l'autre avant la Seconde Guerre mondiale. Alors que McCain peine à comprendre les guerres culturelles des années 1960, qu'il n'a d'ailleurs vécues que de sa geôle à Hanoï, Obama ne les connaît que trop bien et entend les dépasser, en particulier les tensions héritées du mouvement pour les droits civiques et du féminisme. L'un met l'accent sur sa jeunesse et sa capacité à proposer une voie nouvelle pour le pays. L'autre s'enorgueillit de sa longue expérience au service de sa patrie. À force de trop racialiser les enjeux de l'élection, on en oublierait que nombre d'électeurs ne verront pas, au moment de voter, l'opposition d'un Noir et d'un Blanc mais bien un choc générationnel. D'un côté, on construira l'image d'un père, capable de rassurer les Américains dans un contexte troublé. De l'autre, l'image d'un fils, qui se présentera à l'image de l'Amérique, une nation jeune qui doit aller de l'avant et faire preuve d'audace.

Un choc de personnalités

Alors qu'Obama est plus à l'aise devant de grandes foules, McCain aime les meetings plus conviviaux où il peut improviser et user de sa repartie. Lorsqu'un sympathisant pose une question à Obama, il répond, souvent d'un ton professoral, à toute l'assemblée. Lorsqu'un sympathisant pose une question à McCain, il lui répond personnellement, lui laissant même souvent la parole ensuite pour continuer le dialogue. Les meetings d'Obama sont plus ordonnés, ceux de McCain paraissent moins orchestrés. McCain est très volubile, s'entourant de beaucoup de journalistes auxquels il offre un accès presque illimité. Cela peut parfois le desservir puisque ses conseillers, à trop parler, font parfois preuve de maladresse[1]. Obama est plus secret, plus prompt à ménager son intimité. Il est d'un tempérament assez égal, ce qui lui confère une image de calme face à l'adversité.

Les deux candidats ont en commun de pratiquer l'autodérision. McCain déclare que la première des qualités pour être président « c'est d'être très, très, très, très vieux ». Lorsqu'un journaliste demande à Obama face aux visages des présidents américains sculptés dans le mont Rushmore, s'il y imaginait le sien, il répond que ses oreilles ne tiendraient pas sur le pan de la montagne. Mais l'humour en politique est une arme à double tranchant. Concernant la situation iranienne, McCain fait une blague qui lui sera reprochée, parodiant la chanson des Beach Boys « Barbara Ann » en « Bomb Iran ». Ces choix musicaux illustrent l'écart générationnel entre les deux hommes. Abba et les Beach Boys sont les références du premier. Jay-Z, Beyoncé et autres stars du hip-hop sont celles du second. Obama était à l'école primaire lorsque McCain se faisait torturer au Vietnam. Le sénateur de l'Arizona serait le plus vieux président à entrer en fonction, à 72 ans. Barack Obama aura 47 ans, soit quatre ans de plus que le plus jeune président de l'histoire, John F. Kennedy. La rhétorique des deux candidats tient forcément compte de cette réalité. Si d'aventure, il devait arriver à McCain le même type d'accident qu'à Bob Dole, candidat républicain en 1996 âgé de 73 ans, qui perdit l'équilibre et tomba devant les caméras, le coût en termes d'image pourrait être dramatique. La candidature de Bob Dole nous a aussi appris qu'une grande partie de l'électorat âgé n'a pas soutenu le candidat de sa génération. L'énergie et le dynamisme sont essentiels pour faire campagne et diriger un pays de la taille de États-Unis. À ces détracteurs, McCain répond en exhibant sa mère de 96 ans qui témoigne encore d'une grande vitalité.

Au-delà de cette opposition de styles, les différences de programmes sont importantes entre les deux hommes. Les propositions d'Obama sont le produit du consensus qui s'est dégagé au sein du parti démocrate, du fait des nombreux débats suscités par les élections primaires. La division entre centre et gauche des années Clinton semble surmontée et Obama a le soutien des leaders de son parti. On ne peut pas en dire autant de McCain dont les propositions peinent à faire l'unanimité au sein du parti républicain. Ancien électron libre du parti conservateur, il a, depuis sa nomination, fait amende honorable en prenant des positions bien plus orthodoxes mais il a sûrement perdu en route ce qui faisait sa spécificité.

L'économie, priorité des Américains

James Carville, un des conseillers démocrates les plus célèbres, a inventé un slogan qui a fait date, lors de la campagne de Bill Clinton en 1992 : « *It's the economy stupid !* ». Il semble que l'adage soit encore pertinent. Lorsque la campagne pour l'investiture débute en 2007, l'économie ne semble pas être au cœur des préoccupations de l'opinion publique. La crise des prêts immobiliers de l'été 2007 a engendré une crise mondiale du crédit et des liquidités. Une crise financière d'une ampleur inégalée depuis celle de 1929. Face à une croissance faible, à un endettement important des ménages, l'opinion américaine attend beaucoup du nouveau président. L'économie est devenue le thème prioritaire, qui englobe d'une manière ou d'une autre tous les autres sujets de cette campagne : l'assurance-maladie, le rôle des lobbies, l'immigration illégale, la situation au Moyen-Orient, la crise énergétique, l'environnement, etc.

Si les économistes ne s'accordent pas forcément sur les raisons et l'ampleur de la crise, la perception de la situation du pays par l'opinion américaine, d'ordinaire si optimiste, est extrêmement défavorable. Le moral des ménages est en berne notamment à cause du prix de l'essence et de la crise de l'énergie, avec un baril de pétrole brut à plus de 140 dollars, sans oublier la crise de l'immobilier. Plusieurs millions de familles américaines sont exposées au risque de perdre leur maison, en particulier dans des États où le prix de l'immobilier est extrêmement haut comme en Californie ou en Floride. Le fait que le gouvernement fédéral ait dû sauver des banques de la faillite est désastreux pour la confiance des ménages. L'État fédéral est désormais perçu négativement. En juin 2008, d'après un sondage Gallup, l'indice de satisfaction à l'égard des trois pouvoirs est à des niveaux très bas : 48 % pour la Cour suprême, 30 % pour le président et seulement 19 % pour le Congrès. Il faut remonter aux années 1970 pour retrouver un niveau de désaffection aussi élevé des Américains pour leurs institutions.

La bulle financière créée par la spéculation immobilière et l'abus des techniques de titrisation (facilitée par l'absence de régulations) a placé l'économie américaine dans une position difficile. La réserve fédérale, qui s'attendait sûrement à un ralentissement de la croissance mondiale, est maintenant très inquiète devant une inflation qui semble croître sur l'ensemble de la planète depuis que la demande mondiale surpasse l'offre dans les domaines de l'énergie et des produits agricoles. L'économie américaine est donc dans une situation délicate puisque la crise des liquidités et le manque de visibilité à long terme nécessitent une baisse des taux d'intérêts de la réserve fédérale qui s'y refuse par peur d'encourager l'inflation. Il serait donc très utile de savoir si les candidats, qui refusent pour l'instant de se prononcer, entendent travailler main dans la main avec Ben Bernanke. Car il semble impossible pour le président de la Réserve Fédérale (FED) de résorber la crise financière à elle seule en injectant des dollars. Mais quel candidat annoncera qu'il protège le dollar, limitant par là même sa capacité de financement de nouveaux programmes ?

Un des terrains sur lesquels les candidats ont été plus clairs est celui de leurs intentions face à l'envolée du prix du pétrole. Les consommateurs américains ne voient pas d'un bon œil les profits gigantesques des compagnies pétrolières. Les accusations de spéculation sur le baril donnent une très mauvaise image de cette industrie. Obama a proposé de taxer ces « super profits » et de lutter contre la spéculation en mettant en place une régulation plus contraignante, qui élimine notamment ce que la gauche américaine appelle l'« exception Enron ». Cette mesure a un double avantage. Premièrement, elle semble plaire à une grande partie de la population qui a encore en tête le scandale de la firme texane Enron et les témoignages des victimes de ces spéculations effrénées sur le marché de l'énergie. Deuxièmement, d'un point de vue politique, Obama s'attaque par ce biais à l'entourage de John McCain puisqu'un de ses fidèles conseillers, Phil Gramm, est accusé par le camp démocrate d'avoir participé à l'élaboration de cette exception – ce « trou noir du droit » comme l'appelle Obama – lorsqu'il était élu du Texas et que sa femme siégeait au conseil d'administration d'Enron. Obama promet que son administration serait interventionniste face aux grandes corporations.

Budget fédéral et fiscalité

Lorsque le prochain président prendra ses fonctions, il devra faire face à un déficit des comptes courants de 400 milliards de dollars avec un coût de la dette approchant les 240 milliards, soit 10 % du budget fédéral (la dette publique étant d'environ 10 000 milliards de dollars). Et ce n'est que la partie émergée de l'iceberg. Un tel déficit n'est pas surprenant en temps de guerre avec une économie ralentie. Les États-Unis, comme la plupart des pays industrialisés, doivent faire face au vieillissement de leur population, ce qui entraîne des dépenses de santé et de retraite qui sont considérables dans un pays qui épargne peu et dépend donc de l'étranger pour financer son déficit. Cette combinaison est dangereuse pour l'économie américaine, non pas simplement à cause de l'évolution démographique – le pourcentage de la part de la population ayant plus de 65 ans augmente chaque année, ce qui amène inexorablement les gouvernements à repousser l'âge de la retraite –, mais aussi à cause de l'augmentation relative du coût de la santé par rapport à la croissance économique. De plus, le pays a un besoin d'investissement en infrastructures qui ne peut pas être repoussé indéfiniment, comme l'a rappelé l'ouragan Katrina. La situation est extrêmement préoccupante et une réforme d'envergure est nécessaire car les économies et la lutte contre la fraude, pas plus que le retour de la croissance, ne suffiront à remettre le pays sur les bons rails. En 1967, les dépenses militaires représentaient 45 % du budget fédéral alors que Medicare et Medicaid, les programmes de sécurité sociale pour les plus pauvres et les plus âgés mis en place par l'administration Johnson, n'en représentaient que 2 %. En 2007, ces pourcentages étaient respectivement de 20 % et 21 %. Le prochain président et le Congrès devront, s'ils veulent mener une politique fiscale responsable, prendre deux mesures très impopulaires : réduire les dépenses et augmenter les impôts. Mais le plus compliqué est évidemment de décider dans quelle proportion. Quelles seraient les dépenses que le pays entendrait réduire, et qui paierait plus d'impôts ? Rappelons que l'administration Clinton, dans un contexte différent, avait réussi à créer un excédent de 80 milliards en 2000. Deux mandats de l'administration Bush qui mit en place des réductions d'impôts pour les plus riches, non seulement sans les compenser par une réduction des dépenses mais en finançant les guerres d'Afghanistan et d'Irak, ont complément inversé l'élan établi par Clinton et un Congrès à majorité républicaine dans les années 1990. Les États-Unis sont dans une situation particulière, en ce sens que leur dette est contractée dans leur propre monnaie (dépréciée). Le reste de la planète n'a pas encore coupé les sources de financement du déficit, mais cela pourrait évoluer. L'accord tacite entre la Chine qui accumule des réserves en dollars tout en fournissant ses produits au premier marché de la planète a des limites. John McCain a déclaré qu'un dollar fort était dans l'intérêt des États-Unis malgré les effets positifs d'un dollar faible sur la balance commerciale. Nombre d'experts estiment que la politique de dévaluation de l'administration Carter fut un échec. Toutefois, l'interventionnisme ne semble pas être de mise dans l'immédiat et toute évolution pourrait avoir un impact sur le rôle de l'euro qui est lié, indirectement, au sort du dollar et à la politique monétaire du prochain président américain.

En matière fiscale, McCain a pris une position républicaine des plus classiques en expliquant que les réductions d'impôts dynamisaient l'économie. Il veut faire passer le taux d'imposition des grandes sociétés de 35 % à 25 % pour encourager l'investissement et la compétitivité des entreprises, et maintenir les réductions d'impôts pour les plus riches qui avaient été mises en place par George W. Bush et qui expirent en 2010. Son plan de réductions d'impôts est évalué à 3 700 milliards de dollars sur dix ans, soit 1 000 de plus que le plan de son adversaire démocrate. McCain a donc changé d'avis puisqu'il fut un des deux seuls sénateurs républicains à avoir voté contre les réductions d'impôts de l'administration Bush en 2001. Obama, quant à lui, envisage la fiscalité comme un mécanisme de redistribution de la richesse nationale dans lequel il entend augmenter les impôts pour les plus riches et réduire les impôts pour les plus pauvres et les classes moyennes afin de réduire les inégalités qui se sont creusées depuis une trentaine d'années. Il maintiendrait donc une grande partie des réductions d'impôts mises en place par Bush mais les limiterait aux ménages gagnant moins de 250 000 dollars (chiffre brut) par an (soit 97 % de la population). Il veut aussi augmenter la fiscalité sur les dividendes du capital ou l'impôt foncier pour les 3 % les plus riches (revenus bruts supérieurs à 250 000 dollars) afin de réduire le déficit, ou au moins freiner sa progression. Il s'agirait de revenir aux taux d'imposition des années 1990 pour les deux tranches supérieures, soit 36 % et 39,5 %. L'opposition entre les deux candidats sur les questions fiscales est tranchée. Le modèle économique de l'administration Bush *(supply side)* a montré ses limites. McCain prête le flanc à l'argument démocrate selon lequel son élection équivaudrait à un troisième mandat de Bush. Il s'en défend en avançant qu'il ramènerait les comptes à l'équilibre d'ici à 2013. Puisque McCain entend réduire les impôts de façon plus importante qu'Obama (1 000 milliards), son programme devrait prévoir des réductions des dépenses plus importantes afin de ne pas augmenter le déficit. Et sur cette question McCain reste extrêmement évasif. Il explique vouloir supprimer les programmes inutiles mais n'offre rien de spécifique, ce qui n'est pas rare en période de campagne électorale. Le risque est que ces dépenses se fassent au détriment de l'investissement public dans des domaines clefs sur le long terme comme la recherche, l'éducation ou les infrastructures. Obama quant à lui met l'accent sur ces domaines qu'il juge prioritaires car la dette n'est pas forcément un problème en soi si elle sert le pays sur le long terme. Il propose par ailleurs d'aider les propriétaires en défiscalisant les intérêts de leurs emprunts immobiliers mais aussi d'inciter les plus démunis à économiser pour leur retraite, notamment grâce à des programmes d'assurance privée sponsorisés par l'employeur et aidés par l'État. Il a également annoncé que l'augmentation de l'impôt des personnes gagnant plus de 250 000 dollars par an servirait à financer la sécurité sociale.

Emploi et pouvoir d'achat

Même en période de quasi-récession, avec un taux de chômage avoisinant les 5 % de la population active, les Américains ne craignent pas de se retrouver sans travail sur une longue durée. En revanche, la vraie inquiétude est que, désormais, travailler ne protège plus de la pauvreté. Sur les 37 millions d'Américains considérés comme pauvres, une grande partie sont des personnes ayant un emploi, souvent des parents isolés avec un ou plusieurs enfants à charge. Bien qu'un grand nombre de personnes se retrouvent sans aucune ressource du fait de l'absence de programmes sociaux dans de nombreux États – une situation qui est souvent aggravée par des taux d'endettement records –, le danger principal pour la classe moyenne est de tomber dans cette tranche intermédiaire que représentent les travailleurs pauvres.

La multiplication des travailleurs pauvres amène les hommes politiques à trouver de nouveaux moyens de lutte contre la pauvreté plus efficaces que la seule réduction du taux de chômage. Aux États-Unis, le *Earned Income Tax Credit* (EITC) est une mesure populaire de part et d'autre de l'échiquier politique puisqu'elle est devenue un des outils majeurs dans la lutte contre la pauvreté en accordant des exonérations d'impôt aux travailleurs les plus modestes. Ces réductions fiscales se présentent plus comme un complément de revenu. Obama se propose donc de soutenir cet effort en augmentant les plafonds ainsi que le nombre de personnes pouvant bénéficier de cette mesure. Toutefois, l'EITC ne va pas assez loin, car le problème de fond est qu'une personne travaillant à temps plein devrait pouvoir vivre décemment. Dans une vraie tradition démocrate, Obama reverra donc le salaire minimum à la hausse. Avant que les démocrates n'aient repris le pouvoir au Congrès, le salaire minimum n'avait pas évolué en dix ans. Dans le même temps, le coût de la vie avait augmenté de façon vertigineuse si l'on prend en compte la flambée de l'immobilier. Même si le salaire minimum augmente pour atteindre 7,25 dollars de l'heure d'ici 2009, le pouvoir d'achat réel du salaire minimum sera inférieur à ce qu'il était en 1968. Enfin, le *Child Tax Credit*, sorte d'allocation familiale américaine octroyant 1 000 dollars par enfant à charge aux parents éligibles ne concerne qu'un nombre trop restreint de personnes. Le sénateur Obama et la républicaine Olympia Snowe ont introduit un projet de loi permettant à 600 000 familles supplémentaires de bénéficier de cette allocation. On est certes loin des 17 millions d'enfants qui, selon Barack Obama, devraient profiter de cette aide, mais c'est tout de même un progrès. De plus, il a par exemple réintroduit un projet de loi, *Responsible Fatherhood and Healthy Family Act*, tentant de freiner l'augmentation du nombre d'enfants qui grandissent sans père en forçant notamment ces derniers à payer leurs pensions alimentaires. Ou bien encore, il prévoit d'étendre le *Nurse-Family Partnership* qui inclut des visites à domicile d'infirmières chez les jeunes mères ou les femmes enceintes dans les quartiers où l'assurance-maladie est un luxe. Aujourd'hui, les trois quarts des travailleurs pauvres n'ont pas droit aux congés maladie. Après plusieurs années de baisses d'impôts pour les très riches et d'augmentation pharaonique du budget de l'armée, Obama entend restaurer la responsabilité fiscale tout en privilégiant l'implication de l'État dans le domaine social.

Au fil des ans, Obama a introduit plusieurs projets de loi tentant d'identifier les secteurs industriels et les régions dans lesquels les perspectives de carrière étaient bouchées afin de pouvoir développer les partenariats entre le privé et le public pour permettre aux ouvriers de gravir les échelons au sein de leur entreprise. Pour ce faire, Obama croit au rôle déterminant d'un syndicalisme puissant. Dans un pays où le premier employeur privé se nomme Wal-Mart, la chaîne géante d'hypermarchés qui défraie régulièrement la chronique à cause de ses attaques envers les revendications sociales de ses employés – notamment celle, essentielle, du droit de grève –, il est toujours bon de rappeler son attachement à un syndicalisme digne de ce nom. Certaines études avancent que jusqu'à 60 millions d'Américains rejoindraient un syndicat s'ils en avaient l'opportunité. C'est pour cette raison qu'Obama fut le coauteur d'un projet de loi appelé l'*Employee Free Choice Act*, un texte législatif bipartisan rendant le processus d'adhésion à un syndicat plus transparent et augmentant les pénalités imposées aux employeurs récalcitrants. Obama reconnaît qu'il a toujours été un allié des syndicats dans l'Illinois, même si lors de sa campagne pour le Sénat, il n'obtient pas le soutien de l'AFL-CIO, premier regroupement d'organisations syndicales du pays. Certaines branches (l'*Illinois Federation of Teachers*, certains syndicats du textile et de l'hôtellerie pour ne citer qu'eux) lui apportèrent néanmoins des voix précieuses et il reconnaît qu'il leur doit beaucoup. Il ne cache pas que, lorsqu'un de ces responsables syndicaux essaie de le joindre, il s'efforce de le recevoir le plus rapidement possible, illustrant ainsi qu'obtenir le soutien des syndicats lui tient à cœur.

S'inscrivant dans une tradition progressiste classique, dont une grande partie des démocrates se réclament, Barack Obama se présente comme le défenseur des plus pauvres. Après avoir obtenu sa licence de la prestigieuse université de Columbia, il refusa les gros salaires des corporations pour la rémunération modeste d'une organisation luttant contre la pauvreté. Fort de cette expérience – la meilleure éducation qu'il ait eue selon lui –, Obama s'enorgueillit d'avoir défendu le sort des plus défavorisés au sénat de l'Illinois puis au sénat fédéral. Cette expérience de militant associatif fut cruciale pour son évolution en politique. Pendant les treize années qui séparent sa sortie de l'université et son accession au Congrès, Obama resta activement impliqué dans le réseau des organisations sociales de Chicago. La conception qu'il se fait de la politique est très proche du rôle que jouent les organisations locales : mobiliser les individus, convaincre que leur situation est intolérable et apporter des solutions concrètes. Son épouse dit de lui qu'il « n'est pas un homme politique avant tout. C'est un activiste social explorant la capacité de la politique à apporter de vrais changements. » En ce sens, il se rapproche presque de la tradition de la gauche radicale.

La guerre en Irak et la politique étrangère

La situation économique du pays est un facteur important pour pronostiquer le résultat d'une élection présidentielle.

Hormis en temps de guerre. Avec un président républicain impopulaire et une guerre qu'une grande majorité des électeurs désapprouve, l'élection présidentielle pourrait prendre la forme d'un référendum sur l'Irak. Un des thèmes omniprésents sera celui de la guerre contre le terrorisme international et des politiques étrangères à adopter envers les États soupçonnés de présenter un danger pour les États-Unis et pour l'Occident. La désaffection du peuple américain vis-à-vis du Congrès s'explique en partie par l'incapacité du Congrès à majorité démocrate à contraindre le président à arrêter des opérations militaires en Irak qui coûtent 12 milliards de dollars par mois, somme qui pourrait être investie aux États-Unis. Le Congrès n'a pas l'autorité nécessaire pour arrêter la guerre et ne peut que limiter son financement. Or, laisser les soldats sur place sans moyens serait éthiquement difficile et politiquement trop dangereux. Les mesures d'urgence, qui servent à financer une guerre dont le coût ne fait pas partie du budget annuel, ont toutes été avalisées par les démocrates.

La jeunesse et l'inexpérience de Barack Obama jouent ici en sa faveur puisqu'il n'était pas membre du Congrès au moment du vote décidant de l'invasion de l'Irak. Obama n'a donc pas voté pour la guerre. Ce qui fut probablement la plus grosse erreur politique d'Hillary Clinton. Si elle n'avait pas donné carte blanche à George W. Bush à ce moment-là, aurait-on assisté à l'ascension de Barack Obama ? Ce qui a rendu sa candidature possible, n'est-ce pas précisément que celle-ci représentait une vraie alternative face à Clinton quant à la sortie d'Irak ? C'est pourquoi Obama entend faire de la guerre d'Irak un des terrains d'affrontement avec McCain. Mais ce dernier y trouverait lui-même peut-être son avantage. Comme ancien héros militaire, il sait que sa meilleure chance de l'emporter est de faire de la sécurité nationale le thème majeur de sa campagne. Et d'apparaître, à l'instar du candidat Nixon au moment de la guerre du Vietnam, comme l'homme qui n'acceptera jamais la défaite. Il le dit dans un discours le 15 juillet 2008 : « *I Know How to Win a War* » (Je sais comment gagner une guerre).

Lorsqu'il n'était que membre de la législature de l'Illinois, Obama a été très critique vis-à-vis de l'intervention américaine et ce, dès le début. En 2002, il prononce un discours dans lequel il qualifie la guerre de grave erreur qui aura « une durée indéterminée, un coût indéterminé et des conséquences indéterminées ». À l'heure où la majorité des médias et des hommes politiques avaient perdu leur sens critique à la suite du traumatisme du 11 septembre, Obama apparaît rétrospectivement comme une des rares voix de modération. L'histoire lui a donné raison. Le sénateur le rappelle à chaque débat afin de montrer que, si son expérience sur le plan international est assez maigre, il a le discernement et le sang-froid nécessaires à tout chef d'État. Il est donc normal qu'une des premières mesures qu'il ait annoncées soit un plan de retrait d'Irak. La majorité des Américains reconnaît maintenant qu'il n'y avait pas de lien entre Al-Qaida et Saddam Hussein et que l'administration Bush a engagé le pays dans une guerre mal préparée et probablement ingagnable. Le sentiment général est que des soldats américains sont en train de perdre la vie pour une cause mal identifiée. L'intervention américaine, loin d'apporter la démocratie, a engendré la guerre civile en destituant un dictateur sans prévoir que l'unité religieuse et ethnique du pays serait mise à mal. L'organisation d'élections libres n'est, hélas, pas synonyme de démocratie. Le but avoué de l'administration Bush est la lutte contre le terrorisme international. Or, il apparaît que la situation chaotique dans laquelle se trouve l'Irak a conduit à développer l'opposition américaine dans les pays du Golfe et à recruter plus de terroristes potentiels ; les troupes américaines étant enlisées dans ce pays, les États-Unis s'avèrent désormais incapables d'influencer les autres pays du Golfe, notamment l'Iran qui ne craint plus l'intervention d'une armée trop occupée ailleurs.

Face à cette guerre contre-productive, 70 % de l'opinion américaine souhaitait, déjà en 2006, un retrait d'Irak. Obama propose donc, en janvier 2007, un projet de loi qui prévoit le retrait progressif des forces armées américaines en Irak avant la fin du mois de mars 2008 afin de les ramener sur le sol américain. Ce plan est, à quelques détails près, la ligne politique adoptée par le parti démocrate en 2007 à la suite du rapport non partisan de James Baker et Lee Hamilton. Pour que le pays ne se retrouve pas dans une guerre civile sanglante, Obama propose d'accompagner le retrait des troupes américaines d'un véritable effort diplomatique afin d'obtenir le soutien d'autres nations pour tenter de stabiliser la région, ainsi qu'une plus grande responsabilité du gouvernement irakien et un effort plus important de reconstruction des infrastructures vitales pour le pays. Enfin, il estime que les troupes américaines seraient plus utiles sur le sol américain pour lutter contre le terrorisme menaçant les villes, les ports et les aéroports. Puisqu'on ne peut décider du sort d'un peuple à sa place, l'Amérique doit réaliser que ce sont les Irakiens qui devront trouver la solution politique à leur mésentente. Car d'après le sénateur de l'Illinois, la crise irakienne est avant tout de nature politique et toute intervention militaire est vouée à l'échec. Par ailleurs, son plan prévoit de laisser sur place un contingent militaire chargé de maintenir la sécurité, de lutter contre le terrorisme et de former les troupes irakiennes.

Mais le retrait immédiat de plus de 160 000 soldats prendra au bas mot entre douze et dix-huit mois. Un retrait progressif, une option plus prudente, demanderait bien plus longtemps. Les troupes américaines semblent donc, qu'on le veuille ou non, en Irak pour plusieurs années. De plus, un retrait trop rapide pour satisfaire l'opinion américaine pourrait avoir de fâcheuses conséquences. C'est la raison pour laquelle McCain entend maintenir les troupes en Irak le temps qu'il faudra. S'il était pour l'invasion de l'Irak, McCain s'est toujours opposé quant à la méthode, critiquant plus que sévèrement les erreurs de Donald Rumsfeld. Enfin, McCain a été un des plus fervents partisans de l'augmentation du nombre de soldat en Irak en 2006, mesure qui semble avoir réussi à réduire le nombre de morts et endiguer la violence. La méthode Petreaus, du nom du général responsable des opérations en Irak, a apparemment porté ses fruits et McCain entend bien tirer profit de cette évolution en novembre en arguant qu'il avait raison quant à l'approche et la stratégie militaire nécessaire pour stabiliser l'Irak.

En outre, sur ce problème, Obama a tendance à envoyer des messages confus, comme un grand nombre de démocrates face aux questions de sécurité nationale. Ainsi, il n'est pas rare de l'entendre critiquer la guerre en Irak et, dans la même phrase, reconnaître que les troupes progressent et font un travail formidable. Cette position paradoxale s'explique par le fait que, pour devenir commandant en chef des armées, les candidats veulent apparaître comme soutenant les soldats américains. Le parti démocrate est trop souvent décrit par ses adversaires comme un parti pas assez ferme sur le plan militaire. Pour contrer les républicains, le candidat démocrate ne peut se permettre de ne pas apparaître reconnaissant envers les troupes déployées dans le Golfe, surtout face à un ancien héros de guerre. Et puis, Obama a parfois hésité à se projeter et à avancer des dates car la situation peut évoluer de différentes façons, ce qui peut paraître sage mais pas assez concret pour les électeurs. En particulier, la capacité du gouvernement Al Maliki à produire le consensus nécessaire à une solution politique est loin d'être établie. Au contraire, les divisions entre les Kurdes, les sunnites et les chiites semblent se creuser de mois en mois. De retrait progressif, les démocrates semblent s'orienter vers un retrait partiel, afin de prouver que leur présence n'est pas vouée à devenir une véritable occupation, accompagnée d'un redéploiement d'une partie des troupes dans d'autres pays du Golfe et en particulier en Afghanistan, considéré par certains stratèges comme le front le plus important dans la lutte contre le terrorisme international. Le 14 juillet 2008, Obama réitère sa promesse de retirer le gros des troupes d'ici à 2010. Il se prononce contre la présence de bases permanentes en Irak, comme cela a été le cas en Corée du Sud. McCain entend jouer sur les contradictions du candidat démocrate. Le 15 juillet, il lui reproche de proposer un plan avant même de s'être rendu en Irak pour évaluer la situation. Si Obama reste sur ses positions fermes en matière de retrait, il l'accuse d'être irréaliste. Si, au contraire, celui-ci se montre plus prudent, il lui reproche d'être indécis et de sans cesse changer d'avis (« Flip-Flopper ») sur un sujet crucial pour la sécurité nationale.

À travers l'exemple de l'Irak, Obama espère établir un changement de politique complet par rapport à l'administration Bush et son interventionnisme unilatéral. Car, bien que l'Amérique soit en guerre, la politique étrangère ne se limite pas au Moyen-Orient. C'est toute la perspective américaine sur les autres nations et l'approche diplomatique qui est à revoir. Il n'y a pas de « doctrine Obama » en politique étrangère, car Obama n'est pas un doctrinaire. Il n'entend pas agir selon une politique fixée par avance.

Obama affirme que le monde et les États-Unis sont interdépendants et que ces derniers doivent mener les autres nations par l'exemple et non par la seule force. Pour lui, la guerre d'Irak doit cesser pour que la communauté internationale puisse se recentrer sur les problèmes de toute cette région du monde. Il veut réformer l'armée américaine pour l'adapter aux menaces du XXIe siècle. Il est, en outre, partisan d'un dialogue renouvelé avec les nations qui doivent elles aussi faire face aux menaces du terrorisme international. Il pourrait dans ce contexte être amené à demander plus d'effort à des pays comme la France, où la guerre en Afghanistan n'a pas manqué d'attiser des divisions partisanes... Il est également favorable à la création de partenariats afin de sortir du chaos les pays les plus pauvres et mal gouvernés pour les empêcher de devenir des terrains fertiles pour le recrutement de terroristes.

Cette ouverture bienvenue, après huit années de rhétorique manichéenne de la part de la Maison-Blanche, a pourtant été source de controverse. Le 28 juillet 2007, lors du débat démocrate sur CNN, à l'époque où le président Sarkozy rencontre le chef d'État libyen à Tripoli, Barack Obama affirmait qu'il rencontrerait les dirigeants politiques des nations considérées comme ennemies des États-Unis. Selon lui, la politique du président Bush d'ostraciser certaines nations va à l'encontre des intérêts du pays et, en tant que président, Obama sera un homme du dialogue, même avec les dictateurs. Son attitude est considérée comme naïve et dangereuse par le parti républicain qui tente ainsi de mettre en exergue son inexpérience des subtilités de la diplomatie internationale. Bien sûr, après avoir annoncé qu'il serait prêt à se rendre chez des dirigeants de nations ne faisant pas partie du cercle des alliés des États-Unis, Obama, craignant de ne pas être perçu comme un dirigeant assez ferme, déclare qu'il déclencherait une intervention dans les montagnes du Pakistan si celle-ci était nécessaire et ce, même si l'État pakistanais s'y opposait. En effet, on sait de longue date que bien que le Pakistan soit un allié des États-Unis dans la guerre contre le terrorisme, le président Musharraf s'avère incapable de déloger les cellules d'Al-Qaida et Oussama Ben Laden qui seraient réfugiés dans les montagnes situées entre le Pakistan et l'Afghanistan. L'homme du dialogue et de la concertation doit aussi être l'homme du bâton pour être présidentiable. Obama a l'habitude. Il fut attaqué pour ses positions contre la guerre en Irak. On l'accusa d'être opposé à toute forme d'intervention militaire. Il rétorqua qu'il n'était pas opposé à toutes les guerres, « seulement les guerres stupides ». Les démocrates sont toujours amenés à se justifier quant à leur fermeté vis-à-vis de l'extérieur. Malgré les égarements de l'administration Bush et les nombreux scandales, les Américains considèrent toujours que les républicains sont plus à même de mener la guerre contre le terrorisme. L'image du parti conservateur est basée sur l'idée de respect de l'ordre et de la fermeté face au crime. Lorsque Barack Obama, sur CNN, déclare qu'il sera ouvert au dialogue avec des dirigeants ennemis, il s'expose aux critiques les plus vives de John McCain. Ce qui ne le dérange pas puisque le sénateur de l'Illinois est persuadé que ses arguments sont de taille et lui permettent de se démarquer de son adversaire et de l'associer aux politiques de son prédécesseur : un mandat McCain équivaut à un troisième mandat de Bush.

Selon Obama, il est nécessaire de rompre avec la politique du président Bush et l'Amérique doit considérer le monde avec un regard nouveau. Vis-à-vis de Cuba il entend permettre aux exilés d'y retourner plus facilement et d'y envoyer de l'argent, flattant ainsi la nouvelle génération de Cubains très actifs en Floride, État clef s'il en est. Sa grande connaissance de la géopolitique internationale est assez évidente lorsqu'il explique que l'Irak n'est qu'une partie d'un puzzle qui compte l'Iran mais aussi la Syrie, Israël, la Palestine, le Liban, le Hamas et le Hezbollah. Le fait qu'il ait grandi à Hawaï et en Indonésie, pays comptant une population de quelque 200 millions de musulmans, alors que George W. Bush n'était jamais allé qu'au Mexique et au Canada avant de se faire élire président, lui donne une perspective différente sur les relations internationales. Mais il veut surtout en finir avec les pratiques d'un parti républicain de connivence avec le complexe militaro-industriel. Nous voyons là s'opposer, avec le duel McCain-Obama, deux conceptions du rôle du chef de l'État vis-à-vis de la politique étrangère. Sur ce terrain, le choix offert aux Américains a le mérite d'être on ne peut plus clair.

L'assurance-maladie

Un autre domaine dans lequel l'opposition des deux camps est limpide concerne la réforme tant attendue du système d'assurance-maladie. Un des thèmes de politique intérieure les plus importants aux yeux du public américain est l'augmentation du coût de l'assurance-maladie. Depuis la tentative avortée en 1993 d'Hillary Clinton de réformer le système, la situation n'a fait qu'empirer. Dans le pays le plus riche au monde, 45 millions d'Américains, dont 9 millions d'enfants, vivent sans couverture médicale, et ceux qui peuvent se permettre d'en contracter une le font à des taux exorbitants. À ce chiffre, il faudrait évidemment ajouter le nombre de sans-papiers, tout de même estimé à quelque 12 millions, qui, par définition, n'ont pas accès à l'assurance-maladie. Le diagnostic n'est pas nouveau. L'assurance-maladie des personnes âgées les plus défavorisées (et des personnes handicapées), Medicare, est aux abois. Les personnes sans assurance engorgent les urgences où elles sont traitées, souvent trop tard, pour des pathologies qui auraient pu et auraient dû être diagnostiquées plus tôt. Les plus pauvres s'endettent pour payer les frais d'hospitalisation lorsqu'ils tombent gravement malades. Les Américains de la classe moyenne paient des cotisations tellement élevées qu'un nombre croissant d'entre eux hésitent à souscrire une assurance. Au cours des six dernières années, les cotisations d'assurances médicales privées ont augmenté quatre fois plus rapidement que les salaires. Pourtant, le législateur semble incapable de faire passer une réforme digne de ce nom. Les quelques initiatives récentes se rapprochaient plus de pansements sur une jambe de bois que de modifications structurelles. Le thème de la réforme de l'assurance-maladie est donc sur le devant de la scène lors de cette élection présidentielle après que ni Al Gore ni John Kerry n'ont fait de réelles propositions sur ce point durant leurs campagnes respectives. La sortie du dernier documentaire du cinéaste iconoclaste Michael Moore, *Sicko*, a certainement accompagné un sentiment de changement qui, après une dizaine d'années de sommeil, a fini par refaire surface. Le timing de Moore fut parfait. La classe moyenne américaine est de nouveau très préoccupée par l'évolution du système de santé. En 1991, la peur des Américains concernait la récession et la perte de leur emploi qui entraînait la perte de leur couverture maladie [2]. Aujourd'hui, la classe moyenne n'arrive plus à payer les cotisations exorbitantes des assurances privées. Il y a vingt ans, l'assurance-maladie représentait 7 % du budget moyen des Américains ; aujourd'hui, ce chiffre atteint 20 % [3].

Tous les pays occidentaux doivent faire face à l'augmentation des coûts liés au vieillissement de leur population ainsi qu'à l'augmentation des coûts des nouvelles technologies. Mais là où les pays européens ont généralement mis en place des mécanismes limitant cette inflation, l'approche très libérale américaine – traiter la santé tel un marché comme les autres – a pour conséquence une augmentation des coûts plus rapide aux États-Unis. Dans un marché de concurrence pure et parfaite, la compétition joue en faveur du consommateur et permet d'obtenir un prix optimal pour le service en question. Ou du moins telle est la théorie. Car, sur le marché de la santé, chacun est prêt à dépenser tout ce qu'il possède pour être bien soigné ou ne pas voir mourir ses proches. L'assurance-maladie est une nécessité vitale que le marché ne permet pas de réguler efficacement, dans l'intérêt général. Pourtant, l'intervention de l'État est un sujet tabou. Augmenter les impôts est même souvent un suicide électoral. Ce fut une des raisons de l'échec du projet d'Hillary Clinton qui prévoyait la mise en place d'une couverture universelle grâce à des mécanismes de marché dont la régulation était assurée par l'État. Les Américains n'étaient pas prêts à laisser l'État gérer le domaine de l'assurance-maladie puisque ce dernier a une réputation d'inefficacité aussi bien pratique que budgétaire.

Le paradoxe de la société américaine est que ses membres savent faire preuve d'une extraordinaire générosité lorsqu'il s'agit de donner des sommes considérables aux Églises et aux œuvres caritatives mais qu'ils se refusent à payer plus d'impôts pour améliorer le sort de leurs compatriotes dans la ville voisine. Les patients aimeraient bien une médecine moins onéreuse mais refusent l'immixtion de l'État dans ce qu'ils considèrent comme un domaine privé. Pas de privation de liberté par l'Oncle Sam. De plus, une consultation à 22 euros et un taux d'imposition tel que celui de la France, par exemple, font sourire les médecins américains pour qui de telles conditions seraient inacceptables. Enfin, l'industrie de la santé au sens large n'a aucun intérêt à ce que les prix baissent, bien au contraire, et ses vastes contributions aux campagnes électorales reflètent ce choix. L'Amérique dépense tout de même 2 trillions de dollars par an pour sa santé. Les intérêts sont si colossaux que toutes les tentatives de réforme sont battues en brèche systématiquement. Pourtant, malgré les sommes dépensées, le système de santé américain est loin de porter ses fruits. Aux États-Unis l'espérance de vie est parmi les plus basses et le taux de mortalité infantile parmi les plus hauts du monde développé. Si le sujet de la réforme de l'assurance-maladie revient sur le devant de la scène politique, c'est en partie parce que l'opinion publique semble réaliser qu'une forme de couverture universelle est la seule solution pour que tous les Américains aient accès aux soins.

Le sujet de la réforme de l'assurance-maladie a été présent dès le début de la campagne électorale pour l'investiture démocrate. Fait beaucoup plus surprenant, révélateur du niveau d'anxiété dans tout le pays vis-à-vis de cette préoccupation sociale, la campagne du parti républicain dut faire face à ces mêmes questions pendant la phase des primaires. Ce thème est traditionnellement absent des primaires républicaines où d'autres questions occupent le devant de la scène. Il faut généralement attendre l'élection générale pour entendre un républicain se prononcer sur ce problème. Or, la situation est telle qu'aucun candidat ne peut se permettre, en 2008, de rester évasif sur ce point.

Ce sont évidemment les démocrates qui ont présenté leurs programmes les premiers. Et parmi eux, Hillary Clinton avait une longueur d'avance. En effet, l'ex-première dame du pays mena la bataille pour la dernière réforme d'envergure de l'assurance-maladie au début des années 1990. À la suite de son élection, Bill Clinton confia à sa femme cette délicate réforme, contre l'avis de certains de ses proches : Mme Clinton pouvait mettre l'administration en difficulté puisqu'en cas d'échec, elle ne pouvait pas être renvoyée. Cette dernière échoua lourdement et le président se vit contraint de revoir le rôle de la *First Lady* en la cantonnant à des tâches de moindre ampleur. Cet échec passa l'envie aux démocrates de retenter l'expérience. Surtout lorsque le texte de loi extrêmement imposant de plus de 1 300 pages d'Hillary Clinton fut attaqué par la droite mais aussi par la gauche. Car, en termes d'assurance-maladie, comme dans de nombreux domaines de la politique, réconcilier la droite et la gauche s'avère problématique. C'est la raison pour laquelle aucun candidat, à l'exception du démocrate Kucinich, ne propose une réforme complète entièrement basée sur un système public d'entraide sociale comme au Canada ou en France. Tous les candidats démocrates ont mis sur le papier un plan qui s'appuie sur les ressources du public et du privé. C'est ce que met en avant Barack Obama dans son projet qui fut évidemment critiqué par ses adversaires démocrates comme n'allant pas assez loin. Car le plan d'Obama ne permet pas de couvrir tous les Américains. Il met en place des incitations sans forcer tous les Américains à souscrire une assurance. Obama se refuse à imposer une assurance universelle par la loi, restant persuadé qu'un abaissement du coût permettra d'obtenir l'adhésion du plus grand nombre. D'après lui, ce type de mesure flatte l'électorat démocrate mais n'a aucune chance de satisfaire les républicains. L'imposition de quelque mesure que ce soit par le gouvernement, et surtout le gouvernement fédéral, est toujours mal vécue par une partie importante de la population, même si l'intention est louable. La réalité politique du pays force Obama à proposer un plan réaliste qui serait une réelle avancée même s'il demeure imparfait. Ce pragmatisme démontre que Barack Obama voyait plus loin que la seule investiture démocrate et que son projet avait dès le début une envergure présidentielle. De surcroît, cet homme qui a souvent travaillé avec ses opposants du parti républicain sait pertinemment qu'une réforme de cette ampleur ne pourra voir le jour que si une majorité du pays la soutient.

Afin de financer son plan, Obama propose de revenir sur les suppressions d'impôt des plus riches octroyées par George W. Bush. Tous les ménages gagnant plus de 250 000 dollars (chiffre brut) par an devront renoncer au cadeau fiscal de l'ancien président afin de couvrir les frais occasionnés par le nouveau système d'assurance-maladie. Le projet d'Obama propose « de couvrir les personnes sans assurance-maladie en garantissant qu'aucun Américain ne se verra refuser le droit à une assurance pour cause de maladie chronique ou de risque congénital ».

Le plan d'Obama prévoit aussi de réduire le coût des accidents ou des maladies graves en remboursant les employeurs d'une partie de leurs dépenses exceptionnelles s'ils utilisent les économies ainsi faites pour réduire les cotisations de leurs employés. Obama entend également renforcer la concurrence entre les entreprises pharmaceutiques et les assurances afin de favoriser les patients. Il envisage de revoir la législation qui empêche les Américains d'obtenir des médicaments aux mêmes tarifs qu'au Canada ou que dans les autres pays occidentaux. Il estime que si l'État fédéral pouvait négocier les prix des médicaments avec les compagnies pharmaceutiques dans le cadre de Medicare, il pourrait instantanément économiser 30 milliards de dollars. De surcroît, 75 % des dépenses de santé des Américains, soit 1,7 trillion de dollars par an, concernent le traitement de maladies chroniques, telles que le diabète, l'hypertension ou les problèmes cardiaques. En effet, plus de 133 millions d'Américains sont victimes d'une ou de plusieurs maladies chroniques. La moitié d'entre eux a plusieurs médecins traitants. Une des sources majeures d'économie serait la réduction des diagnostics et des traitements doubles ou contradictoires. Une deuxième voie serait évidemment la prévention que Barack Obama met sans cesse en avant, en particulier la prévention de pathologies chez les enfants, telle que l'obésité, qui sont le résultat du mode de vie occidental. Enfin, dans le but d'améliorer la qualité des soins, Obama préconise de rendre le système d'assurance-maladie plus transparent tant au niveau des coûts que de la qualité des prestations. Et il investira quelque 10 milliards de dollars sur cinq ans pour mettre en place un système d'information électronique personnalisée des assurés.

Sur la question de la réforme de l'assurance-maladie, la distinction avec les républicains est évidente. John McCain s'est contenté de proposer ce que d'autres républicains avaient proposé avant lui, à savoir des réductions fiscales incitant les familles à souscrire une assurance-maladie et les employeurs à les sponsoriser. Hélas, en laissant entièrement le système aux mains du marché, et en accusant les démocrates d'imposer le « socialisme » aux États-Unis, on ne voit pas bien comment un gouvernement McCain produirait des résultats autres que marginaux. C'est d'autant plus paradoxal que l'historique médical du candidat (notamment son cancer de la peau) le rendrait très vulnérable, s'il ne se trouvait pas dans une situation financière si privilégiée, puisqu'il serait considéré comme un client « à risque ».

La question des lobbies

Lors de la campagne primaire démocrate, ce débat sur la réforme de l'assurance-maladie permit aussi de mettre en évidence une autre différence entre Barack Obama et Hillary Clinton : le rôle des lobbies pharmaceutiques. Obama a depuis longtemps fustigé les lobbies dont la présence toujours croissante à Washington a dénaturé le processus politique. D'ailleurs, il s'enorgueillit de refuser toute contribution électorale provenant directement d'un lobby ou d'un lobbyiste. Précisons que cela concerne des dons versés directement par un employé d'un groupe de pression travaillant à Washington. Obama a tout de même accepté des donations de personnes proches de lobbies ou bien d'anciens employés de lobbies, ou de lobbies opérant en dehors de Washington. Le sénateur de l'Illinois essaie de promouvoir un financement plus propre de sa campagne mais les réalités économiques et politiques font qu'il est très périlleux, illusoire, voire impossible de s'affranchir complètement de l'influence du *lobbying*. Si sa prise de position est plus symbolique que réellement efficace, elle traduit un attachement à certaines valeurs auxquelles le public américain reste sensible, surtout depuis le scandale Abramoff 4. En mettant l'accent sur le rôle extrêmement néfaste des lobbies pharmaceutiques qui s'opposent à toute réforme du système de santé visant à freiner l'augmentation des coûts, Obama a fait mouche.

Ceci est d'autant plus vrai que la campagne McCain a dû faire face à une série de scandales liés aux activités de lobbying de certains de ses employés. Si la primaire républicaine nous a appris quelque chose, c'est que McCain éprouve quelques difficultés à concilier son image de franc-tireur avec les réalités politiques de Washington. Pas moins de cinq de ses conseillers ont dû être écartés à cause de leurs activités de lobbying dont, Mr. Goodyear, ancien conseiller de la junte birmane du Myanmar. Au moment où, hasard de l'histoire, tous les médias américains avaient les yeux rivés sur ce petit pays affamé, victime de terribles inondations, alors que ses dirigeants refusaient l'aide humanitaire de la communauté internationale, ce genre de relations s'est révélé politiquement très dangereux. Certes John McCain a été pendant longtemps le pourfendeur du rapport incestueux entre le monde des affaires et la politique, mais depuis qu'il a obtenu l'investiture républicaine, il a pris quelques libertés avec ses grands principes. On l'a notamment vu utiliser le jet privé de la firme de sa femme Cindy, héritière d'un empire de distribution de bière, pour sa campagne électorale. Il lui sera à l'avenir plus difficile de fustiger les faveurs de cette sorte accordées à d'autres élus.

Si c'est le changement auquel les électeurs aspirent, ils seront certainement sensibles aux critiques de Barack Obama qui cherche à se distancer de ces groupes de pression et prétend vouloir changer Washington puisqu'il n'a, d'après lui, pas encore eu le temps d'être corrompu pas le système. Le but de la campagne d'Obama est de démontrer qu'il est le seul candidat capable d'apporter les réformes nécessaires car il est l'homme du changement. Rien ne représente mieux les mauvaises habitudes de Capitol Hill que ce rapport des hommes politiques avec l'argent des lobbies. Il ne faudrait pas attendre du candidat démocrate qui a, pour la première fois, financé toute sa campagne avec des dons privés de révolutionner Washington du jour au lendemain. Mais il avait promis de ne pas accepter d'argent directement des lobbyistes et sa première mesure à la tête du parti fut d'interdire leurs donations. Cependant, ne soyons pas naïfs, l'argent trouve toujours un moyen de pénétrer le système politique américain. Si Obama pouvait apporter quelques évolutions souhaitables et réalistes, ce serait peut-être d'imposer une limite de temps entre le moment où un homme politique quitte ses fonctions et le moment où il rejoint un lobby. Trop souvent, les carrières politiques servent de tremplin pour faire fortune dans le secteur privé en rentabilisant un carnet d'adresses très exclusif. Ce phénomène appelé en anglais *« revolving door »* a fait beaucoup de tort à la classe politique censée œuvrer pour le bien commun.

La politique environnementale

Une autre préoccupation centrale de l'électorat américain, dans la mesure où elle est liée à la crise énergétique, est la question du réchauffement climatique et des politiques énergétiques. Le problème de la dépendance américaine vis-à-vis du pétrole, s'il a des répercussions incontournables sur le plan international, semble bel et bien dépendre d'une prise de conscience nationale. La dépendance des États-Unis vis-à-vis du pétrole leur coûte quotidiennement 20 millions de barils par jour, soit environ 2,4 milliards de dollars au taux de 2008. C'est pourquoi Barack Obama en a fait un des projets centraux de sa campagne présidentielle. On peut penser que le sujet est particulièrement important pour le vote des sympathisants démocrates, plus susceptibles d'être influencés par cette question que l'électorat conservateur. Or, cette analyse n'est pas forcément exacte. Premièrement, les sympathisants républicains sont très sensibles à la flambée des prix de l'essence. Ils sont beaucoup moins enclins à manifester en faveur du respect de l'environnement mais la méfiance traditionnelle à l'égard des puissances étrangères les rend très sensibles à l'étroitesse de la marge de manœuvre du gouvernement en matière de politique étrangère occasionnée par la dépendance des États-Unis envers les pays du Golfe ou le Venezuela. En effet, aux yeux de certains conservateurs, le président Chavez ne paraît pas moins dangereux que les dictateurs du Proche-Orient. Deuxièmement, en 2008, les républicains ont nominé un candidat atypique qui s'est depuis longtemps positionné en faveur de la lutte contre le réchauffement climatique. À la manière de Schwarzenegger, le gouverneur de Californie, cela permet à McCain de se démarquer de Bush à moindres frais. Pourtant, le candidat républicain reste ambigu sur ses positions puisqu'il se contredit ouvertement, tentant de mettre l'accent sur les priorités économiques, en déclarant, en juin 2008, qu'il est en faveur d'une levée du moratoire interdisant la prospection et les forages pétroliers le long des côtes américaines, alors qu'il a voté contre de tels projets pas plus tard qu'en 2003. Troisièmement, les démocrates ont été jusque-là très timides en matière de lutte contre le réchauffement climatique. Si Al Gore est très actif, notamment avec son documentaire *Une vérité qui dérange* qui fut un succès planétaire, c'est surtout depuis qu'il a quitté le pouvoir. En effet, lutter contre le réchauffement climatique nécessite de négocier avec l'industrie automobile américaine qui est en crise. Les voitures américaines consomment énormément d'essence et souffrent de la compétition étrangère qui a réussi à innover et à faire de la consommation un argument de vente. Or, l'industrie automobile possède de puissants syndicats qui sont la base du parti démocrate dans des États tels que le Michigan. Les deux dernières élections présidentielles se sont jouées à un État près. Chaque État compte et il n'était donc pas question de risquer de perdre l'élection en se mettant à dos des alliés traditionnels. Pourtant, Barack Obama et ses collègues du Sénat, le républicain Richard Lugar et le démocrate Biden, ont introduit une proposition de loi, le *Fuel Economy Reform Act* visant à augmenter les standards CAFE (*Corporate Average Fuel Economy*) qui n'ont pas évolué depuis vingt ans. Ces standards établissent les directives de l'industrie automobile en termes de consommation d'essence des véhicules mis sur le marché. Leur augmentation est nécessaire pour l'environnement mais aussi pour la compétitivité de l'industrie automobile américaine. Même le président Bush a reconnu, dans son discours annuel sur l'état de l'Union en 2007, que de telles économies dans la consommation d'essence étaient probablement dans l'intérêt de tous.

Mais Barack Obama va plus loin. Une des difficultés principales de l'industrie automobile est le coût des retraites et de l'assurance-maladie de ses anciens employés, les baby-boomers. Le sénateur de l'Illinois propose donc d'encourager l'innovation technique pour le développement des moteurs hybrides dans l'industrie américaine en incitant ces entreprises à investir par une aide du gouvernement fédéral envers la couverture maladie de leurs retraités. De cette façon, Obama réconcilie les doléances des écologistes et les revendications du syndicat United Auto Workers. En complément, car en matière d'écologie il faut faire feu de tout bois, Obama est le coauteur, avec le républicain Thad Cochran, d'une proposition de loi encourageant l'essor de l'éthanol et des biocarburants. D'après cette loi, d'ici à 2015, les États-Unis devraient produire 6 milliards de litres supplémentaires de carburants alternatifs. Obama a aussi collaboré à différentes initiatives dont une, l'*American Fuels Act* avec le sénateur de l'Indiana Richard Lugar, visant à créer les infrastructures nécessaires au commerce et à la distribution des biocarburants. Les associations écologistes, qui se félicitent de l'engagement d'Obama, sont plus sceptiques lorsque ce dernier soutient un projet de loi en faveur de la production de charbon liquéfié *(Coal-to-Liquid Fuel Promotion Act)*. Elles lui reprochent de vouloir ménager les intérêts des industriels du charbon dans le sud de son État de l'Illinois et de s'être laissé séduire par leur argumentation : la technologie, convertissant le charbon en carburant diesel, réduirait la dépendance du pays vis-à-vis du pétrole étranger. Or, se focaliser sur le charbon ne permettrait pas de remédier au réchauffement climatique.

Face à ces critiques, somme toute légitimes, Obama a répondu par un projet extrêmement ambitieux de réduction de 80 % des gaz à effet de serre d'ici à 2050 en mettant en place l'équivalent d'une taxe carbone afin d'inciter l'industrie à se réformer. Il propose aussi de réduire la consommation énergétique américaine de 50 % d'ici à 2030, grâce notamment à un programme d'investissement massif sur dix ans dans les énergies propres à hauteur de 150 milliards de dollars. Obama propose également de doubler le budget de la recherche publique dans ce domaine et, tout comme son homologue républicain, estime qu'il faut accélérer le passage de l'expérimentation à l'industrialisation. Le temps d'attente est trop important entre l'innovation technologique, la découverte d'un produit, et sa commercialisation. Obama, s'il est élu, aimerait mettre en place un forum international, sur le modèle du G-8, qui réunirait les plus gros pollueurs de la planète, y compris les pays émergents, mettant encore une fois en lumière sa vision d'une présidence tournée vers le dialogue international.

Obama et McCain partagent cette idée d'une taxe carbone, même si le plan du démocrate est bien plus ambitieux. Ce mini-consensus est donc de bon augure pour l'avenir, car si John McCain était élu, même faisant face à un Congrès à majorité démocrate, il n'est pas impossible que la lutte contre le réchauffement climatique soit un des terrains sur lesquels le président et le Congrès puissent trouver un compromis. Il est vrai que la situation de la planète ne leur laisse pas beaucoup le choix.

L'immigration clandestine

Alors que l'électorat démocrate peut apparaître comme étant plus sensible à certains autres sujets, les indépendants et surtout les conservateurs se montrent extrêmement préoccupés par le niveau de l'immigration clandestine et le peu de solutions offertes par les élus. En 2006 comme en 2007, les législatures d'États, en particulier ceux qui sont frontaliers avec le Mexique, ont passé un très grand nombre de projets de loi en tout genre visant à réduire l'immigration clandestine dans leur État[5]. Certains citoyens, devant l'incapacité des autorités à empêcher l'arrivée de nouveaux immigrants mexicains, se sont organisés en milices, tels le Minuteman Project ou le Minuteman Civil Defense Corps, patrouillant le long de la frontière et reconduisant les sans-papiers de l'autre côté. Le gouvernement fédéral – car la question de l'immigration ne peut être traitée que comme une question fédérale – ne semble répondre que par une répression accrue envers les sans-papiers vivant sur le sol américain, l'augmentation d'agents aux frontières et la construction d'un mur de plus de 3 000 kilomètres entre les États-Unis et le Mexique. Notons que le nombre des sans-papiers est estimé à quelque 12 millions et que la plupart d'entre eux travaillent (8 millions), ont parfois un permis de conduire, un compte en banque et peuvent même occasionnellement être propriétaires de leur maison. Aux États-Unis, en effet, la plupart des travailleurs clandestins ont de faux papiers, sont déclarés par leur employeur et sont donc payés par chèque et non en liquide. Un simple permis de conduire et un numéro de sécurité sociale sont suffisants pour être déclaré. Les faux papiers sont légion. Cependant, le système de contrôle en place jusqu'ici se limite à vérifier que le numéro de sécurité sociale est bien un numéro existant ; il ne permet pas de s'assurer qu'il appartient bel et bien à l'employé en question. La fraude est donc à peine entravée. Les agricultures floridienne et californienne dépendent de cette main-d'œuvre bon marché, tout comme les secteurs de la restauration, de l'hôtellerie et des entreprises de nettoyage[6]. Le secteur du bâtiment, en sous-effectif depuis la flambée spectaculaire de l'immobilier, n'a pas apporté les réformes attendues. Où que vous soyez aux États-Unis, si vous vous trouvez sur un chantier du bâtiment vous entendrez parler espagnol. Les sans-papiers travaillent pour des salaires moindres et comblent un vide. Même les plus modestes des Américains refusent de travailler dans les champs ou les orangeraies de Californie[7]. Le nombre de clandestins, de 500 000 à 800 000 par an suivant les estimations, s'ajoute au million de nouveaux arrivants qui immigrent légalement chaque année.

Les frontières perméables sont devenues depuis le 11 septembre 2001 un sujet d'inquiétude du point de vue de la sécurité nationale. Cependant, pour Obama, l'augmentation du nombre de gardes-frontières ou bien la présence de caméras ou de détecteurs de mouvement ne suffit pas. Le nombre de *Border Patrols* a été multiplié par trois entre 1999 et 2005 ; pourtant, le nombre d'immigrants clandestins a doublé sur la même période et le nombre de morts à la frontière a triplé. L'efficacité est donc à chercher ailleurs. Près de 50 % des clandestins vivant aux États-Unis n'ont pas pénétré sur le sol américain en traversant la frontière mais en restant après être entrés légalement avec un visa touristique ou étudiant. Barack Obama a proposé, avec les démocrates Ted Kennedy et Max Baucus et le républicain Charles Grassley, de créer un dispositif permettant aux employeurs de vérifier si les candidats à un emploi ont des papiers en règle. Tant que les employeurs embaucheront des travailleurs clandestins, ces derniers chercheront à venir. En outre, puisque l'économie américaine a besoin de main-d'œuvre, il faut offrir à un plus grand nombre d'étrangers la possibilité de travailler légalement. La voix légale d'obtention de la « carte verte » doit donc être maintenue. Sous l'administration Bush, le coût de cette démarche administrative est devenu prohibitif. Obama et le républicain Luis Gutierrez ont introduit une proposition de loi, le *Citizenship Promotion Act*, mettant en place la réduction des frais d'obtention de la citoyenneté et octroyant des subventions aux États promouvant l'information et l'accès à la citoyenneté.

Sur la manière de contrôler l'immigration clandestine, le camp républicain est profondément divisé. La majorité des républicains de la Chambre des représentants fut hostile au programme de « travailleur invité » *(guest worker program)*, proposé par George W. Bush en 2007 et soutenu par John

McCain, sénateur d'un État frontalier avec le Mexique, l'Arizona. Le président a eu sur ce thème une approche pragmatique, car il sait que « certains des emplois créés par l'économie en expansion des États-Unis sont des emplois que des citoyens américains n'occupent pas ». Son projet aurait permis aux étrangers d'entrer aux États-Unis temporairement pour y travailler et ferait également sortir de la clandestinité des résidents illégaux. Pour certains élus, la proposition de Bush aurait tout simplement amnistié les personnes entrées illégalement dans le pays, et donc récompensé ceux qui ont enfreint la loi. En soutenant le président, John McCain s'est mis à dos quelques collègues. Il a aussi perdu cette bataille législative dans laquelle il avait engagé sa crédibilité. Il parle désormais plus de sécurité à la frontière (euphémisme pour signifier une politique d'expulsion) mais son message reste confus. Il tente de satisfaire l'électorat républicain nationaliste sans provoquer le courroux de la communauté hispanique, qui pourrait lui être favorable sur ces questions. Dans l'Arizona, il fut réélu avec deux tiers du vote hispanique. Il semble peiner à concilier le fait d'être le candidat du parti conservateur et ses convictions profondes : il déclare, par exemple, qu'il se refuse à « appeler un jeune soldat américain qui se bat en Irak pour lui annoncer qu'il expulse sa mère ». La question est de savoir si Obama réussira à tirer profit du dilemme de McCain vis-à-vis du vote hispanique.

La Cour suprême, enjeu majeur de l'élection

Même si un nombre peu important d'électeurs se passionnent pour l'approche juridique du prochain président, il se joue là une partie déterminante pour l'avenir du pays. Une des prérogatives les plus importantes du chef de l'État, qui lui permet de peser sur l'évolution de la société américaine, est la nomination des juges fédéraux et notamment ceux de la Cour suprême. Et là encore l'opposition entre les deux candidats est flagrante.

En nommant deux des neuf juges de la plus haute juridiction américaine, dont John Roberts Jr., le président de cette dernière,

George W. Bush pourrait avoir influencé la société américaine pour plusieurs décennies puisque les juges sont nommés à vie. En choisissant deux juges conservateurs et relativement jeunes, choix tout de même validé par le Sénat comme c'est la règle, le président a changé l'équilibre politique de l'institution. À cause de l'âge avancé de certains des membres de la Cour (ce sont les conservateurs qui sont les plus jeunes), le prochain président pourrait devoir nommer deux, voire trois d'entre eux lors de son prochain mandat, ce qui représente une opportunité plutôt rare de modifier la Cour pour une vingtaine d'années. Une telle éventualité rend cette élection d'autant plus cruciale que la Cour pèse sur des décisions qui influencent la vie de tout un chacun et joue un rôle important en politique, en particulier sur des sujets sensibles tels que la peine de mort, le droit à l'avortement ou, en temps de guerre contre le terrorisme, les libertés civiles et le droit des « combattants ennemis ». L'évolution culturelle de la société et l'évolution de son régime constitutionnel vont souvent de pair. Alors que McCain fustige « l'activisme judiciaire » et se plaint « de l'abus systématique qui est fait des cours fédérales par les individus en qui nous plaçons notre confiance », et semble donc favoriser des juges de la trempe de Scalia et Alito, Obama espère quant à lui que les prochains juges feront preuve « d'assez d'empathie et auront assez de sensibilité face à ce qu'endurent les Américains ordinaires ».

Entre une conception minimaliste et une conception compassionnelle du droit, l'approche et l'équilibre de la Cour pourraient s'avérer bien différents. Le prochain président a une carte en main, qui passe parfois inaperçue aux yeux du grand public, mais qui peut avoir des conséquences majeures, sur le long terme, aussi bien politiques que culturelles.

10

Religion et politique

En 1994, les républicains reprennent le contrôle du Congrès après quarante années passées dans l'opposition, dans au moins une des deux Chambres. Depuis, le parti conservateur se présente, non sans en tirer un réel profit électoral, comme le défenseur des valeurs morales. Au point que la question religieuse, après la question raciale, est devenue une des divisions principales du pays. Cette fracture idéologique recoupe le degré de pratique religieuse. Plus une personne affirme s'investir dans la vie de son église, plus elle a de chances de voter républicain. Plus une personne se sent éloignée des considérations religieuses, plus elle vote démocrate. La ferveur spirituelle est devenue un facteur prépondérant dans les pratiques électorales. Aux États-Unis, plus de 95 % des personnes croient en Dieu, 70 % sont membres d'une Église, 40 % se définissent comme pratiquants réguliers. Plus d'Américains croient en l'existence des anges qu'à la théorie de l'évolution. Régulièrement, des ouvrages prédisant la fin du monde se vendent à des millions d'exemplaires. Un des fleurons de l'industrie musicale est la musique chrétienne, qui chante les louanges du Christ. Les références religieuses sont nombreuses dans le domaine politique. Cela va bien au-delà de la phrase – « que Dieu bénisse l'Amérique » – ponctuant la fin de chaque discours politique et qui est devenue au fil des années une sorte de convention. Tous les hommes politiques entrant en fonction jurent sur la Bible de défendre la Constitution. Dieu est invoqué dans les tribunaux lorsque les témoins d'un procès jurent de dire toute la vérité et rien que la vérité. Il l'est aussi lors des cérémonies de remise de cartes de séjour ou d'obtention de la citoyenneté. La prière est un rituel quotidien du Congrès.

Chaque Chambre possède son chapelain qui organise sur la base du volontariat des séances d'étude de la Bible et des petits déjeuners durant lesquels les hommes politiques lisent à tour de rôle un passage du Livre Saint. Le parti républicain a compris depuis longtemps l'importance du fait religieux en tant qu'arme politique.

L'importance de la foi

L'élection présidentielle, comme moment essentiel de la vie de la nation, reflète cette caractéristique de la démocratie américaine, qui accorde à la foi un rôle capital. En vue de l'échéance de 2008, les démocrates se doivent de tirer les enseignements de l'échec de John Kerry, qui fut incapable de parler de l'importance de la foi au peuple américain. Pour reprendre l'expression de E.J. Dionne dans les pages du *Washington Post*, « les démocrates ont découvert l'existence de Dieu en 2004 à la sortie des urnes[1] ». Par contraste avec Kerry, Barack Obama fait référence aux Écritures dans ses discours sur l'économie ou la guerre en Irak. En cela, il s'inscrit délibérément dans la tradition politique américaine, estimant que l'opinion a besoin de ces références pour être transportée par un discours : « Imaginez le deuxième discours inaugural d'Abraham Lincoln sans sa référence au « jugement du Seigneur ». Ou le discours « J'ai un rêve » de M.L. King sans les références à « tous les enfants de Dieu ». » Si les intellectuels privilégient une autre symbolique pour faire passer leur message, il faut accepter que le peuple attende ces références à la foi. L'en priver sous prétexte de maintenir la séparation entre le religieux et le politique a eu pour conséquence de couper le parti démocrate d'une partie de l'électorat. Le parti républicain ne doit avoir le monopole d'aucun sujet. En vidant leurs discours de toute terminologie religieuse, les démocrates privent les électeurs des images à travers lesquelles la plupart d'entre eux ont forgé leurs convictions. Pour Obama, l'abandon par la gauche des thèmes religieux a ouvert la voie aux moins modérés des conservateurs et a creusé les incompréhensions. Afin de surmonter cette « guerre des cultures », l'Amérique doit entamer un débat sur la place à accorder aux idéaux religieux dans le domaine public. Barack Obama a compris que la question de la foi et des valeurs serait incontournable pour quiconque tenterait de réconcilier l'Amérique avec elle-même. « Nous ne pouvons pas abandonner le champ du discours religieux, déclarait-il en 2006. D'autres viendront combler ce vide, ceux dont la conception de la foi est la plus étriquée, ou ceux qui utilisent la religion avec cynisme pour justifier leurs desseins partisans[2.] »

Le sida et le retour de l'ordre moral

Lors de la journée mondiale du sida, le 1er décembre 2006, Obama n'hésite pas à se rendre à Saddleback, en Californie. C'est une des plus grandes églises évangéliques du pays, une de ces églises qui ressemblent plus à des stades de football qu'à des lieux de culte. Qu'un démocrate favorable à l'avortement soit invité dans un tel endroit n'est pas banal. Saddleback appartient à la paroisse d'un des évangélistes les plus influents des États-Unis : Rick Warren. Son ouvrage, *The Purpose Driven Life*, s'est vendu à plus de 20 millions d'exemplaires. C'est un conservateur, opposé à l'avortement et au mariage homosexuel. Toutefois, il fait partie d'une nouvelle génération de chrétiens évangélistes, les « évangélistes progressistes », tels T.D. Jakes, Jim Wallis ou Tony Campolo. Ils s'intéressent à des problématiques que l'on retrouve traditionnellement à gauche : la lutte contre la pauvreté, la politique sociale, les inégalités Nord-Sud. Avec ses chemises hawaïennes et ses idées plus réformistes, Warren se démarque fortement des Jerry Falwell ou Pat Robertson dont l'intolérance et les dérapages médiatiques sont tristement célèbres. Les pasteurs tels que Rick Warren donnent espoir à Barack Obama qu'il est possible de réconcilier le parti démocrate avec les chrétiens évangéliques, dont l'influence s'étendrait sur le quart de l'électorat américain, jusqu'alors acquis aux ultra-conservateurs.

Devant une assemblée qui ne lui est d'emblée pas favorable, il commence son discours en affirmant la nécessité de prendre en compte les évolutions en matière de sexualité. Il rappelle l'importance d'un accès plus facile aux préservatifs pour combattre le sida : « Je pense que nous ne pouvons pas ignorer le fait que l'abstinence et la fidélité, bien qu'étant l'idéal, ne reflètent pas la réalité. Nous avons affaire à des hommes et des femmes de chair et non à des abstractions. [...] Le sexe ne constitue plus quelque chose de sacré, mais est parfois un acte physique, purement mécanique. » Pour Obama, la lutte contre la maladie doit transcender les querelles partisanes. Symboliquement, il rappelle qu'il a fait un test de dépistage avec l'un de ses adversaires républicains potentiels à la Maison-Blanche, le sénateur Sam Brownback du Kansas. Il souligne également que George Bush n'a pas été assez félicité pour les 15 millions de dollars investis dans le combat contre la maladie au cours des cinq dernières années : « Cela m'est égal de savoir si vous êtes conservateur ou progressiste, vous devez passer outre ces différences face à ce combat. » À la fin de son discours, une partie non négligeable de l'auditoire se met à applaudir, notamment lorsque le sénateur rend hommage à une jeune Sud-Africaine ayant perdu les cinq membres de sa famille à cause du sida : « Voilà ce que me dit ma foi, que sa famille est ma famille. »

Les plus conservateurs regrettent que l'on ait permis à Obama de s'exprimer dans une église aussi influente. Cela révèle leur crainte qu'un progressiste comme lui soit en mesure d'empiéter sur les plates-bandes du parti républicain. Son aisance à évoquer les questions religieuses, l'introspection spirituelle dont il a fait preuve dans son autobiographie, font bien de Obama le seul démocrate à pouvoir réaliser cette prouesse. De plus – c'est une réalité de la politique américaine – les rumeurs qui se sont propagées, notamment sur Internet, faisant d'Obama un musulman, sont très dangereuses pour ses chances de victoire. Mais au lieu de se défendre d'être musulman, Obama préfère insister sur la sincérité de sa foi chrétienne. S'afficher comme Obama le chrétien est aussi une façon de se faire connaître et reconnaître en tant que non-musulman.

Réconcilier la gauche avec la religion

Le discours «*Call to Renewal*» qu'il a prononcé devant la National City Christian Church en juin 2006, à Washington, a été décrit par certains journalistes comme l'analyse la plus pointue du rôle de la foi dans la politique américaine depuis un quart de siècle[3]. Les grandes lignes de ce discours ont été reprises dans le chapitre consacré au rôle de la foi dans son ouvrage *L'Audace d'espérer*. Il commence son discours par une anecdote personnelle. Lors de sa campagne pour le Sénat en 2004, Obama dut faire face à Alan Keyes, conservateur afro-américain passé maître dans l'utilisation de la rhétorique rétrograde des télé-évangélistes. Pour lui, les démocrates sont les ennemis des « bons chrétiens ». Vers la fin de la campagne, Alan Keyes déclare le plus sérieusement du monde : « Jésus-Christ ne voterait pas pour Barack Obama. Il ne voterait pas pour Barack Obama car Barack Obama s'est conduit comme jamais Jésus-Christ ne se conduirait. » Les conseillers d'Obama le pressent de ne pas relever une déclaration aussi outrancière et de la traiter par le mépris. Mais Obama prend l'attaque au sérieux. Il offre la réponse classique du démocrate attaqué sur le terrain des valeurs morales chrétiennes : nous vivons dans une société plurielle et personne ne peut imposer ses convictions aux autres. En outre, il se présente à un poste de sénateur de l'Illinois et non pas à celui de pasteur de l'Illinois. Avec le recul cependant, il affirme regretter son argumentation. Sa réponse, en effet, n'exprimait en aucune manière le rôle que la foi avait joué dans sa vie. C'était laisser le champ libre à ses adversaires. Pour Obama, cette anecdote va au-delà de son cas personnel et témoigne d'un dilemme commun à tous les candidats démocrates : comment parler de sa foi tout en respectant la séparation des Églises et de l'État ? Comment répondre aux attaques renouvelées des conservateurs qui n'ont de cesse de dénoncer les valeurs des démocrates, laissant penser que l'opinion américaine a pour seules préoccupations l'avortement, le mariage homosexuel, la prière à l'école ou la théorie de l'évolution ? Pour Obama, il faut reconnaître que les républicains ne sont pas les seuls responsables, dans la création de ce fossé qui s'est creusé entre une Amérique conservatrice et une Amérique progressiste. Les démocrates ont eu le tort de laisser le champ libre à leurs adversaires, en leur abandonnant certains thèmes et en refusant de reconnaître l'importance de la foi dans la sphère publique. Dans ce discours historique, Obama invite le camp progressiste à renouveler son approche du fait religieux, en commençant par rompre avec sa stratégie d'évitement. Il convient de ne plus se réfugier derrière les principes constitutionnels, et de cesser de voir un fanatique derrière chaque croyant.

Le parcours spirituel d'Obama
Si Barack Obama comprend que l'Amérique a besoin de se réconcilier avec elle-même, c'est parce qu'il a dû faire ce chemin à l'échelle de sa propre existence. Il n'a pas été élevé dans un foyer où régnait la ferveur religieuse. Son père est né au Kenya dans une famille musulmane mais devint athée par la suite. Le grand-père maternel de Barack était baptiste et sa grand-mère méthodiste mais tous les deux n'étaient pas vraiment pratiquants, bien qu'originaires du Middle West. Il décrit son grand-père comme étant incapable de juger les autres et lui-même assez sévèrement pour adhérer à une organisation religieuse. De sa grand-mère, il déclare qu'elle était trop rationnelle et têtue pour croire en ce qu'elle ne pouvait pas voir ou toucher. La mère de Barack Obama était extrêmement sceptique vis-à-vis des organisations religieuses. Elle abordait la foi à travers le regard de l'anthropologue qu'elle allait devenir par la suite. Lorsqu'ils vécurent en Indonésie, il fréquenta une école catholique puis une école avec une majorité d'élèves musulmans. Son beau-père indonésien, avec lequel il a vécu cinq ans, n'était pas un fervent musulman.

Pourtant, Obama reçut une éducation de la part de sa mère qui estimait que la connaissance des différents courants religieux était essentielle à la culture générale. Malgré l'absence d'autorité religieuse, Obama considère que l'éducation donnée par sa mère véhiculait les mêmes valeurs que ses petits camarades apprenaient au catéchisme : l'honnêteté, l'empathie, la discipline, le travail et surtout le refus de toutes les formes d'injustice sociale. C'est en cherchant à affirmer ces valeurs qu'Obama a commencé à s'intéresser à la philosophie politique, afin d'y trouver un système d'action qui lui permette de participer à la construction de la chose publique.

Ce n'est qu'après avoir obtenu son diplôme universitaire, une fois qu'il déménagea dans la banlieue sud de Chicago, qu'Obama est amené à faire face à ce qu'il appelle son dilemme spirituel. Au contact des personnes chrétiennes avec qui il travaille dans le cadre d'un réseau d'églises locales, il réalise qu'il y a un vide dans sa vie, que quelque chose lui manque. Jeune homme sans racines, ayant passé son enfance à voyager, il prend conscience que cette forme de liberté qui semblait convenir à sa mère est aussi source de solitude. Face à l'inconstance de la vie, il ressent le besoin d'ancrage. C'est dans cet état d'esprit qu'il entre en contact avec le réseau d'églises afro-américaines. Aux États-Unis, ces églises ont eu un rôle historique majeur dans la lutte contre les injustices dont la population noire était la victime. Il fait alors, en 1988, le choix de se convertir, lors d'un sermon tenu par le révérend Wright de l'Église de La Trinité Unie du Christ, intitulé « *The Audacity of Hope* » (« L'audace d'espérer »). De manière rationnelle, Obama précise que bien qu'il eût embrassé la foi, il n'en eut pas pour autant les réponses à ses questions. Tous ses doutes ne se sont pas dissipés. Cette conversion est contemporaine de ce qu'il considère comme étant son passage dans l'âge adulte. C'est au contact des volontaires de ces églises et de ces pasteurs, du travail et des projets avec les défavorisés, les oubliés de l'Amérique triomphante des années 1980, qu'Obama décide de s'impliquer politiquement. C'est dire que la foi d'Obama est fortement ancrée dans le monde réel. Il ne la conçoit pas comme une échappatoire aux difficultés d'ici-bas, mais bien comme un agent d'un changement de l'ordre social.

Réduire le fossé entre l'Amérique religieuse et l'Amérique laïque

Pour Obama, les obstacles auxquels la société américaine doit faire face prennent racine dans l'individualisme et l'indifférence sociale. La pauvreté et le racisme ne seront pas vaincus simplement par l'intervention de l'État, même si celle-ci s'avère nécessaire. La question de l'absence d'assurance-maladie ou celle du chômage ne peuvent être résolues que si l'opinion américaine change de mentalité. Lorsqu'un jeune tire sur une foule parce que quelqu'un lui a manqué de respect, c'est un problème moral que la politique seule ne peut résoudre. Croire en la nécessité de légiférer sur le port des armes à feu n'empêche pas de croire également au besoin d'un progrès d'ordre moral. Les lois anti-discriminatoires sont nécessaires mais les patrons ne doivent pas seulement embaucher des employés de toutes origines parce que la loi les y oblige, mais parce qu'ils s'y sentent tenus sur un plan éthique. Obama ne préconise pas que les hommes politiques démocrates se mettent du jour au lendemain à se référer à la Bible. L'absence de sincérité de John Kerry qui s'est contraint en 2004 à participer à des manifestations religieuses fut préjudiciable à son image. Les croyants n'ont pas le monopole de la moralité. Par conséquent, il n'est pas besoin de feindre une foi outrancière pour parler des maux de la société. En revanche, les défenseurs d'une laïcité stricte ont tort d'exiger que la foi soit circonscrite à une sphère privée :

> Frederick Douglas, Abraham Lincoln, Williams Jennings Bryant, Dorothy May, Martin Luther King, en fait la majorité des grands réformateurs de l'histoire américaine, n'étaient pas simplement mus par leur foi, mais ils employaient de façon répétée un vocabulaire religieux pour faire avancer leur cause.

Alors prétendre que les hommes et les femmes ne doivent pas insérer leur « morale personnelle » dans le débat public et politique est, d'un point de vue pratique, une absurdité. Notre loi est par définition une codification de la morale qui tire son origine de notre héritage judéo-chrétien.

Pourtant, si les laïques doivent reconnaître tout le socle de valeurs qu'ils ont en commun avec les chrétiens conservateurs, ces derniers ne sont pas exemptés du même travail de remise en question. Ils doivent prendre conscience que la force de la démocratie américaine tient dans sa capacité à séparer les Églises de l'État, dans la tradition d'équilibre des pouvoirs. Ils ont oublié que ce ne sont pas les « gauchistes » des années 1960, ni leurs adversaires libertaires ou athées, qui ont mis en place ce principe. Ce sont les anciennes communautés religieuses, autrefois persécutées, qui tenaient le plus au Premier amendement. Les Pères fondateurs n'étaient pas tous d'accord sur la question. Jefferson et Madison voulaient ériger un « mur de séparation » entre l'Église et l'État car, bien que croyants, ils se méfiaient de l'influence que les Églises pourraient avoir sur les politiques. Ils étaient aussi soucieux de garantir la liberté de culte et l'indépendance des mouvements religieux. Ils s'opposaient aux conceptions de Patrick Henry ou John Adams qui prônaient l'intervention de l'État pour promouvoir la religion chrétienne. Cependant, Jefferson et Madison n'auraient pu faire adopter le Premier amendement sans le soutien d'évangélistes tels que le révérend baptiste John Leland. Ces derniers craignaient que la tyrannie de la majorité ne mène à de nouvelles persécutions par l'intermédiaire de l'État. Ils pensaient également que la foi était plus sincère lorsqu'elle ne s'appuyait pas sur les institutions étatiques.

Force est de constater que le Premier amendement a permis d'assurer la liberté de culte, puisqu'il n'existe pas un autre pays qui présente une aussi grande variété de religions différentes vivant en paix. L'Amérique n'est donc plus une nation chrétienne. Les religions juive, musulmane, bouddhiste et hindoue y sont très bien implantées. C'est la raison pour laquelle Barack Obama explique que l'impératif démocratique appelle les croyances à se traduire en valeurs universelles plutôt qu'à se cantonner dans les principes propres à chaque culte. Chaque proposition doit être discutée et soumise à l'exercice de la raison. Ceci est évidemment difficile à accepter pour certains évangélistes qui croient à l'infaillibilité de leur interprétation de la Bible.

Afin d'expliquer pourquoi il est dangereux de fonder sa politique sur la foi, Obama utilise un passage de la Bible. Lorsque Dieu interrompt Abraham qui allait lui sacrifier son fils Isaac, Obama explique que si l'un d'entre nous assistait à une telle scène, il ne comprendrait pas. Nous réagissons ainsi car nous n'entendons pas ce qu'entend Abraham, nous ne voyons pas ce que voit Abraham. La volonté divine n'apparaît pas à tout le monde au même instant. C'est pour cette raison que nous ne pouvons agir qu'en fonction de ce que nous voyons tous, de ce que nous entendons tous. Ce parallèle peut paraître étrange au profane mais il est d'une efficacité redoutable face à un auditoire habitué aux prêches. Cette faculté d'Obama de s'adresser aux chrétiens d'une façon qui leur est familière lui offre la possibilité de les convaincre, ou tout du moins de les amener à considérer son propre point de vue.

Obama s'attelle à trouver des exemples pour que les deux groupes – laïque et religieux – prennent conscience que la distance qui les sépare n'est pas incommensurable. Les croyants les plus fervents n'opèrent-ils pas eux-mêmes des distinctions entre les différents passages des Écritures ? La plupart des Américains chrétiens ne trouvent pas que travailler le dimanche soit un péché. La majorité des personnes opposées à l'avortement sont prêtes à faire une exception pour les grossesses résultant d'un viol ou d'une relation incestueuse. De même, les personnes favorables au droit des femmes à choisir admettent qu'il y a une limite de temps pour pratiquer une interruption de grossesse. La foi ne doit pas empêcher de garder un sens de la mesure et des priorités. Obama réaffirme les priorités. Les chrétiens devraient être aussi prompts à s'insurger contre le sort des sans-domiciles-fixes que contre le contenu jugé indécent des clips vidéo qui passent sur MTV. À l'inverse, les laïcs résolus peuvent comprendre que toute mention de Dieu dans le domaine public n'est pas nécessairement une violation de la séparation entre l'Église et l'État. Tout est une question de contexte. La majorité des Américains reconnaît volontiers que tous les enfants récitant le matin à l'école le *« Pledge of Allegiance »* dans sa version moderne ne se sentent pas traumatisés parce qu'ils ont à prononcer le nom de Dieu. Obama avoue que ce rituel de son enfance ne l'a pas choqué. Il prétend aussi que le fait que des élèves utilisent les locaux d'une école publique pour organiser des séances de prières sur la base du volontariat ne devrait pas être perçu comme une menace. Une telle ouverture d'esprit ne peut que rassurer les partisans d'une présence religieuse à l'école. Mais Obama va plus loin puisqu'il soutient les initiatives venant des organisations religieuses en faveur des drogués et des anciens détenus. Pour lui, la rencontre avec un mouvement spirituel peut être complémentaire de l'action politique, souvent incapable de prendre en charge la détresse psychologique des personnes en grande difficulté.

En mettant l'accent sur les valeurs communes que partagent des groupes qui ont pour habitude de s'opposer, Obama entend réduire l'instrumentalisation politique de la religion. Et, comme charité bien ordonnée commence par soi-même, il illustre son propos d'un exemple personnel. Quelques jours après avoir remporté l'investiture démocrate pour l'élection au Sénat américain, Barack Obama reçoit un courriel d'un médecin de Chicago. Ce dernier le félicite pour sa victoire, mais lui explique pourquoi il ne voterait pas nécessairement pour lui lors de l'élection générale. Une déclaration sur son site l'inquiète. Y sont en effet critiqués « les idéologues d'extrême droite qui veulent priver les femmes de la liberté de choisir ». Ce médecin entend affirmer que toute personne hostile au droit à l'avortement n'est pas nécessairement un extrémiste. Obama reconnaît que ses propos étaient maladroits, et n'allaient pas dans le sens qu'il préconise. Pour favoriser un débat constructif, chaque protagoniste doit s'exprimer de façon juste et mesurée, et accepter la contradiction.

Obama n'hésite pas à faire part de ses doutes, et transforme ce qui pourrait apparaître comme une faiblesse – le manque de conviction – en arguments électoraux: la force d'écoute et l'attention à l'autre. Obama affirme lire la Bible en étant ouvert à de nouvelles révélations. Il refuse de soutenir le mariage homosexuel, lui préférant une union civile apportant les mêmes droits, mais il reconnaît que cette prise de position pourra être jugée comme une erreur dans quelques années: « Je dois admettre que j'ai peut-être été influencé par les préjugés de ma société que j'ai à tort attribués à Dieu, que la demande de Jésus d'aimer son prochain exigerait de tirer une autre conclusion, que dans quelques années l'histoire me donnera tort. » Obama reconnaît que sa foi n'apaise pas ses angoisses et ne lui donne pas les réponses aux questions les plus fondamentales: ce qui se passe après la mort, le commencement du monde, le lieu où l'âme repose. Cette honnêteté le distingue des hommes politiques qui considèrent le doute incompatible avec leurs convictions. Dans cette perspective, le refus de George W. Bush de reconsidérer sa position sur l'Irak n'est pas une preuve de conviction mais d'entêtement. La capacité d'introspection et de remise en question ne peut être que salutaire pour un chef d'État. La réconciliation de l'Amérique avec elle-même passe sans doute par une vision du monde moins manichéenne, par une prise en compte de la complexité. L'absence de doute est au cœur de la « guerre des cultures » et du « choc des civilisations ». Obama montre la voie qui conduirait à la sortie des antagonismes, ce qui semble répondre aux prières d'une grande partie de l'électorat.

11

Au-delà du Noir et du Blanc ?

Depuis les années 1960, la notion d'une diversité d'opinions, de religions, de cultures, de langues, a été mise en valeur, à tel point que beaucoup ont craint de voir l'unité du pays disparaître. S'opposant au multiculturalisme, l'historien Arthur Schlesinger Jr. a évoqué le risque d'une « désunion de l'Amérique[1] ». La fracture du pays serait également géographique, les États « bleus » (progressistes) le long des côtes s'opposant, à chaque élection, aux États « rouges » (conservateurs) du Sud et du Centre. Dans son ouvrage *One Nation, Two Cultures*, l'historienne conservatrice Gertrude Himmelfarb affirme que les Américains sont encore affectés par les répercussions de la fracture culturelle née dans les années 1960[2]. L'une des deux cultures privilégierait les libertés individuelles et la libre expression, tandis que l'autre, à laquelle s'identifie l'historienne, réaffirmerait l'autorité, le respect des traditions et des convictions religieuses. À l'opposé de ces thèses, Alan Wolfe, dans son livre *One Nation, After All*, soutient que les éléments qui unissent les Américains en tant que nation sont plus nombreux que ceux qui les divisent. C'est dans cette lignée qu'entend se situer Obama, qui ne cesse de réaffirmer les facteurs d'unité de la nation américaine. Sur le plan pratique, il a voté de nombreuses lois avec la majorité républicaine, comme membre de la minorité démocrate au Sénat de l'Illinois puis au Sénat des États-Unis. À plusieurs reprises, il a dénoncé la polarisation trop marquée de la vie politique, en se présentant comme celui qui est en mesure de réactiver la devise américaine : *E pluribus unum* (De plusieurs, un).

Il n'y a pas une Amérique libérale et une Amérique conservatrice : il y a les États unis d'Amérique. Il n'y a pas une Amérique noire, une Amérique blanche, ni une Amérique hispanique ou asiatique : il y a les États unis d'Amérique[3].

Le métissage d'Obama est en phase avec les évolutions à l'œuvre dans la société américaine. En remplissant les formulaires du recensement de 1990, un demi-million de personnes avaient protesté contre l'instruction qui leur était donnée de n'indiquer qu'un groupe racial et en avaient coché deux ou plus. Un changement notable, enregistré lors du recensement de 2000, est la multiplication par dix du nombre d'enfants considérés autrement que comme « noirs » ou « blancs ». À cette date, les enfants avaient une fois et demie plus de chances que les adultes d'être considérés autrement que comme « noirs » ou « blancs », ce qui reflétait l'accroissement du nombre d'enfants issus de mariages interraciaux et le taux de natalité élevé des groupes migrants. Ceci révèle aussi le rôle crucial de la formulation des catégories statistiques dans la formation d'identités en perpétuelle évolution. La vision d'une Amérique multiculturelle, où chaque communauté serait respectée dans son identité mais où chaque groupe ne se mélangerait pas aux autres, deviendrait anachronique. Elle occulterait la capacité d'assimilation du pays, notamment des nouveaux venus. Elle sous-estimerait la complexification croissante des identités, sous l'effet de deux causes : plusieurs décennies de forte immigration, en provenance de pays de plus en plus diversifiés, et la volonté des Américains de faire abstraction de leur appartenance raciale ou ethnique lorsqu'ils choisissent un conjoint. L'identité complexe d'Obama témoigne qu'il n'y a pas une seule communauté noire aux États-Unis, bien que le regard de la majorité blanche englobe parfois les Afro-Américains et les immigrants caribéens et africains. Le « métis » Obama serait-il alors la figure d'un moment post-identitaire, marqué par le dépassement du multiculturalisme propre aux sociétés nord-américaines – faites d'une juxtaposition de communautés qui se rencontreraient peu ?

Un candidat métis

Au moment où est né Barack Obama, le métissage était interdit dans une grande partie des États-Unis. Récemment admis dans l'Union, Hawaï était un État tolérant, et l'histoire de la famille ne révèle aucun incident ayant touché les parents d'Obama dans les rues de Honolulu. « Dans plusieurs régions du Sud, mon père aurait pu être pendu à un arbre pour avoir à peine regardé ma mère d'une manière inappropriée », affirme-t-il dans ses mémoires. En 1959, un tribunal condamne à un an de prison un homme blanc et une femme noire qui avaient eu le tort de se marier à Washington. Le juge prend alors appui sur des arguments religieux : « Dieu tout-puissant a créé les races blanche, noire, jaune, malaise et rouge, et il les a placées sur des continents séparés. Le fait qu'il ait séparé les races montre qu'il n'avait pas prévu que les races se mélangent [4]. » On mesure les progrès accomplis depuis. Aujourd'hui, 8 Américains sur 10 affirment avoir « un ami proche noir », alors qu'en 1981, à peine 50 % des personnes sondées disaient avoir des amis noirs. En 1998, sur 55 millions de couples mariés aux États-Unis, on compte 1 300 000 couples interraciaux, 210 000 dont le mari est noir et l'épouse blanche, 120 000 dont le mari est blanc et l'épouse noire. D'ici 2050, 21 % des Américains seront d'ascendance raciale ou ethnique mixte. Rappelons qu'à la différence des précédents recensements, celui de 2000 permet aux Américains de se déclarer membre de plus d'une catégorie raciale, en cochant plusieurs cases.

Dans le domaine politique, Barack Obama semble être le mieux à même de réaliser la mission que l'ancien président Clinton assignait à la nouvelle génération : « se débarrasser du fardeau de la race ». Le 5 septembre 2005, il se rend à Houston pour rencontrer les victimes du cyclone Katrina. Il rejette l'argument, exprimé par le rappeur Kanye West, selon lequel le président Bush aurait agi trop lentement parce que les victimes étaient noires *(« George Bush doesn't care about black people »)* : « L'incompétence n'était pas liée à une discrimination raciale. » Il met en exergue l'irresponsabilité du gouvernement fédéral et l'indifférence de l'administration républicaine envers les problèmes de pauvreté dans les quartiers déshérités. Se démarquant de la caricature d'une Amérique en noir et blanc, il rappelle la capacité d'assimilation du pays. Il sait que la diversification croissante de l'immigration complexifie les identités et rend caduques les classifications rigides du recensement américain. Il insiste sur l'évolution des comportements électoraux – de nombreux Blancs ont voté pour lui lors de son accession au Sénat – et sur les progrès de la communauté noire – il a bénéficié de l'aide financière d'entrepreneurs noirs, signe de l'émergence d'une bourgeoisie noire.

Pour Obama, l'identité raciale ne saurait conditionner le vote des électeurs – « Vous ne devez pas voter pour quelqu'un parce qu'il vous ressemble » – ni déterminer l'action de l'homme politique : « J'espère qu'il n'y a pas une seule chose que je fais parce que je suis noir, et que tout autre sénateur ne puisse faire à ma place. ».

Africain *et* américain

En 2005, le nombre d'immigrants africains aux États-Unis atteignait 1,2 million. Depuis 1990, le nombre d'Africains a plus que triplé dans des villes comme Atlanta, Seattle et Minneapolis, où ils représentent plus de 15 % de la population noire. Mamadou Diouf, professeur à Columbia, lui-même d'origine sénégalaise, nous confie les questions nouvelles que poserait selon lui l'irruption d'Obama sur la scène publique : « Des pratiques civiques qui ne se réfèrent plus de manière exclusive à la race et à l'histoire de la traite des esclaves et de la plantation, l'émergence d'un nouveau groupe ethnique qui affiche une culture et des procédures qui réinventent le rêve américain par les études et la créativité. »

Fils d'un immigrant kényan, Obama n'est pas « africainaméricain » – ainsi que s'autodésignent les descendants d'esclaves – mais bien, au sens strict, « africain et américain ».

Beaucoup d'immigrants africains estiment que l'appellation *African American*, interprétée à la lettre, est plus légitime pour les désigner, se définissant d'abord comme «Africains» puis – du fait qu'ils sont pour beaucoup naturalisés – comme «Américains». Abdulaziz Kamus, d'origine éthiopienne, propose à ses collègues médecins, cherchant à sensibiliser les Noirs aux dangers du cancer de la prostate, que l'on se penche sur le cas des immigrants africains. S'étant vu signifier que la campagne était réservée aux «Africains Américains», il répond : «Mais je suis africain et je suis un citoyen américain ; cela ne fait-il pas de moi un African Américain ?». «Non, non, non, justement pas», lui a-t-on répondu [5]. Le docteur Kamus en tire une conclusion : «D'après le recensement, je suis africain-américain ; quand je me promène dans la rue, les Blancs me considèrent comme tel. Pourtant les Africains Américains me disent : «Vous n'êtes pas des nôtres». Alors je me demande comment, dans ce pays, je peux me définir.»

Plus qu'une simple question d'origine, c'est l'histoire que l'on partage ou non qui est en jeu. Le républicain noir Alan Keyes, en course contre Barack Obama pour le poste de sénateur de l'Illinois, a mis en doute le fait qu'Obama puisse se déclarer «Africain Américain». Dans une interview à la chaîne *ABC*, il déclare : «Barack et moi appartenons à la même race, nous avons les mêmes caractéristiques physiques, mais nous n'avons pas le même héritage. Mes ancêtres ont subi l'esclavage dans ce pays. Ma conscience et ma personnalité ont été modelées par le combat profondément douloureux que j'ai mené pour accepter cet héritage», suggérant que son rival ne pouvait pas comprendre les Noirs américains parce que ses aïeux n'avaient pas connu l'esclavage. À ces leaders noirs qui lui contestent un authentique héritage afro-américain, Obama répond que son grand-père était cuisinier pour les Britanniques au Kenya : «Toute sa vie il a été appelé «garçon de maison», même à 60 ans. Ils l'appelaient par son prénom, pas par son nom de famille. Est-ce que cela vous rappelle quelque chose ?» En faisant ce lien entre la condition des colonisés africains et celle des esclaves noirs aux Amériques, Barack Obama fait œuvre de pédagogie, plutôt que d'utiliser des arguments d'autorité : son épouse est noire américaine, il a, comme avocat, défendu les victimes de discriminations, etc.

Ces tensions autour de l'identité d'Obama révèlent l'état des relations entre Noirs américains et immigrants africains. Les immigrants africains sont perçus comme des concurrents sur le marché du travail. Un jeune livreur de pizza ivoirien affirme que « les Noirs nous font comprendre qu'on n'est pas chez nous et qu'on leur prend leur boulot[6] ». Comparé à celui des Afro-Américains, le revenu médian des immigrants africains est plus élevé et leur taux de chômage plus bas. La réussite de ces immigrants noirs a permis à l'historien Thomas Sowell d'affirmer que l'échec des Africains Américains dans le monde du travail n'avait pas pour cause les discriminations mais plutôt leurs « traditions culturelles ». D'autres explications peuvent éclairer l'écart de réussite entre Afro-Américains et Africains, comme la surqualification de ces derniers. En proportion, il y a plus de diplômés de l'enseignement supérieur parmi les immigrants africains (43 %) que dans l'ensemble de la population américaine.

Que le premier président noir des États-Unis ne soit pas un Africain Américain mais le fils d'un immigrant africain serait d'autant plus surprenant que les Africains sont peu présents dans la vie politique nationale. La communauté africaine est peu structurée politiquement, à la différence des Noirs américains *(Black Caucus)*, des immigrants asiatiques *(Congressional Asian Pacific American Caucus)* ou hispaniques *(Congressional Hispanic Caucus)*. Certains considèrent Obama comme le premier ambassadeur des immigrants africains aux États-Unis. Sa volonté affichée de lutter contre la pandémie du sida ou son engagement en faveur du Darfour en témoigneraient. La complexité identitaire d'Obama interdit cependant de le réduire à ce rôle de porte-parole des immigrants africains.

Un citoyen « transnational »

> *J'ai des frères, des sœurs, des nièces,*
> *des neveux, des oncles et des cousins de toute race*
> *et de toute couleur, dispersés sur trois continents*[7]...
> Barack Obama

Le nom de Barack Obama lui a valu de nombreuses critiques, dans un pays où les brassages de populations sont pourtant à l'origine d'une variété de patronymes. Oprah Winfrey, qui invite le sénateur dans son talk-show *Live Your Best Life*, en plaisante avec lui : « Tu peux avoir un nom africain, mais pas deux. Tu pourrais être Barack Smith ou Joe Obama, mais pas Barack Obama. » Son nom, que certains confondent avec « Alabama » ou « Yo Mama », indique qu'il est possible de réussir en assumant l'intégralité de son identité.

Une sœur indonésienne, un beau-frère par alliance et une nièce d'origine chinoise, des descendants d'Africains et des descendants de colons britanniques : « Les fêtes de Noël ressemblaient à l'Assemblée générale des Nations unies. », précise Obama, qui fait de cette identité transnationale un argument électoral. Du fait de ses origines diverses, il serait le mieux placé pour comprendre l'évolution du pays : « Comment nous pouvons à la fois célébrer notre diversité dans toute sa complexité et continuer à affirmer nos liens communs. Je peux le comprendre parce je suis également composé de différentes parties. » Cette richesse identitaire lui permet de s'adapter à tous ses interlocuteurs. Lors d'échanges de quelques secondes, il surprend par sa capacité à adopter le ton ou l'accent qui convient, qu'il soit avec une famille hispanique, des jeunes sur un terrain de basket ou un fermier du Middle West. Biracial, Obama serait aussi « bi-dialectique », selon l'expression d'un éditorialiste du *Chicago Tribune*, signifiant par là qu'il maîtrise aussi bien l'anglais black que l'anglais standard. Obama n'est pas métis au sens où il serait ni blanc ni noir, ou la moitié de l'un et de l'autre. Il est bien la totalité des deux, à la fois noir et blanc, aussi pleinement des terres d'Afrique que de celles du Kansas. Nina

Glick Schiller, de l'université du New Hampshire (Durham), développe à ce sujet le concept de transnationalisme. D'autres chercheurs affirment que les brassages de population, dans le cadre de la mondialisation, remettent en cause la connexion entre citoyenneté et État-Nation. Yasemin Soysal souligne que la citoyenneté est de plus en plus « post-nationale », tandis que Linda Bosniak s'interroge sur la « dénationalisation » de la citoyenneté [8].

Trop noir et trop blanc ?

Pour annoncer sa candidature, Barack Obama choisit Springfield, la ville où est enterré Abraham Lincoln, comme pour s'inscrire dans l'héritage de l'homme qui avait appelé l'Amérique à se réconcilier sur la question de l'esclavage, en 1858.

Très bien accepté par la majorité blanche, il est, au début de la campagne, loin dans les sondages au sein de l'électorat noir. Très loin derrière Hillary Clinton. Le souvenir positif de la présidence de Bill Clinton est encore présent dans les esprits. On se souviendra par exemple de sa nomination, en 1993, de l'intellectuelle Lani Guinier au poste de vice-ministre de la Justice pour les droits civiques, avant de devoir faire machine arrière devant les protestations des conservateurs, en particulier après que le *Wall Street Journal* l'eut taxée de « reine des quotas ». Les Clinton ont donc un bilan et une notoriété qui font de l'ombre au sénateur Obama. L'auteur afro-américaine Toni Morrison, prix Nobel de littérature, avait qualifié Bill Clinton de « premier président afro-américain ».

Dans *Time Magazine*, Orlando Patterson envisag d'autres raisons à cet écart de popularité. Plus qu'une évolution dont on pourrait se réjouir – les Noirs américains effectueraient leur choix en dehors de toute considération raciale – ce sondage témoignerait des réticences des Afro-Américains à l'égard d'un individu qu'ils ne considéreraient pas comme l'un des leurs. Pire : ils se sentiraient menacés par ce qu'il incarne. La progression du métissage, en diluant le nombre de Noirs américains, affaiblirait la notion de race, qui a permis de souder la communauté dans le combat pour les droits civiques. Nombre de leaders afro-américains ont pris leurs distances avec le jeune sénateur. Le révérend Al Sharpton, figure du militantisme noir, n'hésite pas, lui, à préciser sur une chaîne de télévision new-yorkaise (CBS) qu'« être de la même couleur que nous ne fait pas de vous un des nôtres ». L'acteur et chanteur Harry Belafonte, ancien ami de Martin Luther King, estime que l'Amérique devrait être « prudente » vis-à-vis du sénateur de l'Illinois. Bruce Gordon, président de la NAACP, affirme que les Noirs ne vont pas voter pour Barack Obama « simplement parce qu'il est noir ». En novembre 2006, Stanley Crouch explique dans la page éditoriale du *New York Daily News* que si Barack Obama est noir, il n'en est pas pour autant un Afro-Américain. Son article, intitulé « *What Obama isn't: black like me on race* », fait couler beaucoup d'encre. Il met en cause la légitimité d'Obama à parler au nom des Afro-Américains, n'étant pas descendant d'esclaves. Si Obama accédait un jour à la présidence, les Afro-Américains n'auraient toujours pas « un des leurs » à la tête de l'État. Sur Internet, les blogueurs débattent sur le point de savoir si Barack Obama est « assez noir » pour être le porte-parole de la communauté. Pendant plusieurs semaines, l'authenticité de Barack Obama est le sujet de conversation principal de conférences ou d'émissions de radios ou de télévisions afro-américaines. Le 10 février 2007, durant l'État de l'Union noire, une conférence de plus de 10 000 personnes à Hampton en Virginie, l'absence de Barack Obama est remarquée. Bien qu'il fût en Illinois en train d'annoncer sa candidature à la présidence, certains intellectuels, tel le professeur Cornel West de Princeton, semblent lui en tenir rigueur. Ce dernier lui a déjà reproché d'avoir annoncé sa candidature devant une foule presque exclusivement blanche. Le doute semble planer quant à l'intérêt du sénateur pour les difficultés sociales et économiques de l'Amérique noire. L'intelligentsia afro-américaine paraît valider à demi-mots les soupçons de Crouch.

Trop noir pour certains Blancs, trop blanc pour certains Noirs. Le professeur Patterson, lui-même d'origine jamaïcaine, s'inquiète de ce rejet d'Obama, qui traduit selon lui un « nouveau nativisme noir » : « Est-ce que l'on va dire à mes enfants qu'ils ne sont pas Noirs américains ? » Pour Patterson, il existe une nouvelle ségrégation, non institutionnalisée et voulue par la classe moyenne noire. Il cite certaines enquêtes montrant que les Noirs préféreraient vivre dans des quartiers qui sont au moins à 40 % africains-américains. Pour le sociologue, Obama incarne justement « le dépassement de cette ségrégation privée ». Il rappelle que l'idée de pureté raciale était absente historiquement du mouvement noir américain, qui était largement ouvert aux migrants. Le père de W.E.B. DuBois était haïtien, la mère de James Weldon venait des Bahamas. Marcus Garvey était jamaïcain. Harry Belafonte, qui se méfie d'Obama, a une mère jamaïcaine et un père originaire de la Martinique. Nombre de leaders des droits civiques – Stokely Carmichael, Malcolm X, Shirley Chrisholm, Louis Farrakhan, Sidney Poitier – étaient des immigrants de première génération. Cet universalisme s'est étendu aux Non-Africains : l'un des points d'ancrage idéologiques de Martin Luther King était bien le Mahatma Gandhi. Ces dernières années cependant, cette tradition d'ouverture aurait été érodée par une forme « épaissie » d'identité noire qui, selon Patterson, est le pendant de « certains des pires aspects de l'identité blanche américaine et du racisme ». Dans cette perspective « puriste », pour être un « vrai » Noir américain, il faudrait avoir des aïeux qui n'ont pas été simplement esclaves, mais esclaves des Américains. Le fait d'être noir ne signifie pas seulement « ne pas être blanc » mais ne pas être proche de la majorité blanche. Barack Obama a épousé une femme noire, a passé des années à lutter contre les discriminations, mais le fait d'avoir été élevé par des Blancs de la classe moyenne l'empêcherait d'être membre à part entière de la communauté noire. Et Patterson de conclure : « Les Noirs américains ont besoin du capital culturel et social qui émane du fait de vivre avec et dans la majorité blanche, ce qui n'est nulle part démontré avec autant de force que dans l'énorme potentiel de Barack Obama[9]. »

Si Obama est, selon Roger Wilkins, le premier candidat noir « avec une véritable chance de gagner », c'est bien parce qu'il « n'est pas un leader des droits civiques ni un pasteur qui se lance en politique mais un authentique homme politique ». David Bositis l'encourage dans cette voie, en indiquant qu'Obama doit éviter de prendre modèle sur un Jackson dont l'audience se limite aux Afro-Américains, malgré sa tentative de coalition arc-en-ciel (*rainbow coalition*) : « Un candidat noir qui défend principalement les droits civiques de nos jours n'arrivera à rien dans une élection présidentielle[10] ». Barack Obama entend résoudre l'équation – apparaître comme le candidat légitime des Afro-Américains sans se voir réduit au rôle de candidat minoritaire – en insistant sur la nécessité de mettre en œuvre une politique sociale ambitieuse. Tout en ne se limitant pas à la question raciale, celle-ci aura une incidence sur les communautés les plus fragiles. Inlassablement, il rappelle la nécessité d'une aide au logement, d'une assistance médicale élargie, d'un renforcement de la lutte contre la pauvreté. Les Afro-Américains, soit presque 35 millions d'Américains, ont voté contre George Bush en 2000 et 2004 à près de 90 %. Obama sait que le vote afro-américain est essentiel, notamment lors des élections primaires dans les États du Sud. Les Noirs représentent par exemple près de la moitié des électeurs à la primaire démocrate de Caroline du Sud.

En février 2007, les sondages d'opinion au sein de l'électorat noir se portent encore en faveur de Clinton à 60 % contre 20 % pour le sénateur de l'Illinois. Peu d'Américains savaient réellement qui il était. Le peu d'Afro-Américains qui avaient eu vent de lui ont entendu parler d'Indonésie, d'Hawaï, du Kenya mais pas de l'Alabama ni de la Géorgie. Les gens savent qu'il a su créer des liens avec les habitants de Peoria, capitale de l'Illinois, mais peut-il faire de même avec ceux du Mississippi ? Obama se devait de prouver qu'il pouvait toucher le cœur de l'Amérique noire du sud des États-Unis. Il entama donc une tournée d'églises afro-américaines et de lieux chargés d'histoire, en particulier ceux de la lutte pour les droits civiques. Son discours le plus marquant, et le plus probant, est celui de Selma dans l'Alabama. Le 7 mars 2007, la communauté africaine-américaine commémora les quarante-deux ans de la marche de 1965. Réprimée dans le sang – *bloody Sunday* –, elle avait abouti à la signature de la loi levant les obstacles au vote noir : le *Voting Rights Act*. Entraînant Hillary Clinton, présente pour l'occasion, sur un terrain où elle ne pouvait pas le suivre, Obama évoqua son histoire personnelle dans son hommage aux combattants des droits civiques, le parlementaire John Lewis, l'initiateur de la Marche, Joseph Lowery, cofondateur du *Southern Christian Leadership Conference,* ou encore le révérend C.T. Vivian que Martin Luther King décrivit comme le plus grand prêcheur qu'il ait entendu. Obama décrivit ces hommes, présents à Selma avec lui, comme des « géants » sur les épaules desquels il est monté pour arriver là où il est parvenu :

> Ne me dites pas que je ne suis pas chez moi à Selma en Alabama. Ne me dites pas que Selma ne me concerne pas [...]. Je suis ici parce quelques-uns ont organisé cette marche. Je suis ici car vous tous vous êtes sacrifiés pour moi. Je me tiens sur les épaules de géants. C'est parce qu'ils ont manifesté que j'ai pu faire les études que j'ai faites, que j'ai pu obtenir un diplôme de droit et un siège au sénat de l'État de l'Illinois puis à Washington.

Barack Obama incarne une rupture générationnelle. En cela, il désarçonne une partie des leaders afro-américains, issus de la période des droits civiques. En septembre 2007, il fait la couverture du magazine de hip-hop, *Vibe*, qui d'ordinaire consacre sa « une » à Jay-Z, Beyoncé ou autres stars de la musique. Le 24 juin 2008, lors des BET Music Awards, les artistes phares de la génération hip-hop – d'Alicia Keys à P. Diddy – profitent de la cérémonie pour affirmer leur soutien à Obama. Le parcours du sénateur de l'Illinois témoigne des progrès réalisés par la communauté noire depuis les trente dernières années. Son discours invite à dépasser les interprétations racialistes.

Affirmative action ou programmes sociaux : quelle politique pour les minorités ?

Bruce Dixon du *Black Agenda Report*, affirme que l'idée selon laquelle les critiques noires au sujet d'Obama tiendraient aux origines africaines de son père ou à la couleur de peau de sa mère, releveraient de la « calomine raciste » : « Les Noirs américains n'ont jamais rejeté leurs leaders sous prétexte de leur teint clair, de parents immigrants ou de leurs diplômes supérieurs ». Pour Dixon, le vrai problème tiendrait à son programme, non à son héritage biologique. Si Obama est vu avec suspicion, c'est notamment parce qu'il a pris ses distances avec l'*affirmative action*, affirmant que ses deux filles, étant issues d'un milieu favorisé, ne devraient pas pouvoir en bénéficier, à la différence de nombreux enfants blancs pauvres. Le rapport américain à la « race » est difficile à appréhender du côté français. En effet, le discours de dépassement de la race – la défense du métissage –, que porte en partie Obama, se retrouve plus souvent à droite de l'échiquier politique, alors que les défenseurs de la « race », prônant des dispositifs spécifiques de lutte contre les discriminations, sont les progressistes.

Les programmes compensatoires en faveur des minorités, connus sous le nom d'*affirmative action*, recouvrent une série de dispositifs destinés à rendre effective l'égalité des chances. La loi de 1964 sur les droits civiques interdit la discrimination fondée sur la race, la religion, le sexe ou l'origine nationale. En septembre 1965, le président Johnson signe un décret demandant aux organismes fédéraux de ne passer des marchés qu'avec des fournisseurs qui prendraient des « mesures positives » pour que leur main-d'œuvre reflète la diversité du pays. L'administration fédérale doit encourager le recrutement de minorités. Sous le gouvernement Nixon apparaissent les premiers objectifs chiffrés. L'identité raciale, qui ne peut en aucun cas motiver l'exclusion, sert désormais à mesurer le degré d'intégration des Noirs et des autres groupes sous-représentés – Latino-Américains, Asiatiques, Amérindiens – à la société américaine. Aujourd'hui, les conservateurs critiquent cette politique qu'ils assimilent à une forme de « discrimination à l'envers ». Ils se plaignent notamment de l'injustice qu'il y aurait d'admettre à l'université des minorités dont les notes sont inférieures à celles de candidats blancs à qui l'on fermerait la porte. Récemment, l'administration républicaine a menacé de poursuivre en justice la Southern University of Illinois, affirmant que son programme de bourses discriminait les hommes blancs. Les dispositifs stigmatisés par le ministère de la Justice visent à augmenter le nombre d'étudiantes et de candidats issus des minorités dans les études d'ingénieur et en sciences. Barack Obama qualifie de « cyniques » ces menaces de condamnation. Elles viseraient selon lui à faire diversion dans un contexte d'impopularité croissante de George Bush.

Obama adopte au sujet des dispositifs d'*affirmative action* une position mesurée. Contrairement aux intellectuels conservateurs qui attribuent les problèmes des Afro-Américains à des comportements culturels destructifs, Obama estime que la société américaine continue à générer des discriminations. Les stéréotypes racistes ont selon lui un impact sur les décisions des employeurs concernant l'embauche et les promotions. Ces préjugés, étant plus pernicieux qu'autrefois, seraient d'autant plus difficiles à combattre : « Un adolescent noir marchant dans la rue pourrait effrayer un couple blanc, mais s'il s'avère être un ami d'école de leur fils on l'invitera peut-être à dîner. Un homme noir aura peut-être du mal à trouver un taxi tard la nuit, mais s'il est un ingénieur en informatique compétent, Microsoft n'aura aucun scrupule à l'engager. » Comme ancien avocat des droits civiques, Barack Obama défend le maintien de mesures spécifiques destinées à lutter contre les discriminations. En revanche, il n'entend pas occulter la responsabilité des minorités elles-mêmes, n'hésitant pas à reprendre à son compte certains arguments des adversaires de l'*affirmative action*. Certains facteurs sociaux et culturels entraveraient le progrès des Afro-Américains : trop de télévision (dans un foyer noir moyen, la télévision est allumée plus de onze heures par jour), une consommation à risque (les Noirs fument plus et mangent plus d'aliments de restauration rapide). Le jour de la fête des Pères 2008, il prononce un discours très dur au sujet de l'attitude des hommes noirs, auxquels il attribue la dissolution des foyers noirs : plus de 50 % d'entre eux sont composés d'une femme seule, contre seulement 13 % chez les Blancs. L'évolution du comportement « débute chez soi ». Obama insiste sur le rôle des Églises noires, afin d'aider les familles à instaurer un climat propice à la réussite scolaire, à encourager un mode de vie plus sain ou à rappeler les obligations qu'implique la paternité. Pour lui, l'écart entre les minorités et la majorité blanche ne tient pas principalement à la question raciale, mais à des causes sociales : stagnation des salaires, démantèlement des soins médicaux, réduction des moyens attribués à l'école. Si les Noirs sont plus affectés par ces évolutions, c'est parce qu'ils sont surreprésentés dans les emplois industriels. Si on a constaté, en 1999, une baisse du taux de chômage et une hausse des salaires chez les Noirs, cela ne fut pas dû à l'*affirmative action*, mais à la croissance économique et aux mesures gouvernementales visant à mieux répartir les richesses *(Earned Income Tax Credit)*. Tout en continuant à défendre l'*affirmative action*, Barack Obama insiste sur l'importance des investissements publics dans le domaine de l'éducation, de la santé, de la protection sociale. Ces programmes seraient en mesure de combler le fossé entre la majorité blanche et les minorités, même s'ils ne sont pas conçus spécifiquement pour ces dernières *(« race-specific »)*. En septembre 2007, Theodore Cross publie un rapport montrant que le programme d'Obama serait plus favorable à la communauté noire que celui d'Hillary Clinton, centré sur la classe moyenne blanche[11]. Le programme d'Obama ne préconise pas l'abandon d'une *affirmative action* fondée sur la race mais il réclame l'intégration à ces dispositifs de critères sociaux, afin de rendre ce système plus juste et politiquement plus acceptable.

Dans le film de Stanley Kramer, *Devine qui vient dîner?* (1967), le personnage qu'incarnait Sidney Poitier s'opposait à son père qui refusait qu'il épouse une femme blanche : « Tu penses en homme noir, moi je suis un homme. » C'est cette question de l'articulation entre l'expérience noire et la posture universaliste que pose la candidature d'Obama (*race consciousness* ou *color blindness*). Alors qu'Hillary Clinton aurait donné à sa victoire le sens historique de l'avénement d'une « femme » à la Maison-Blanche – elle s'est plainte, suite à son échec, des attaques sexistes dont elle aurait fait l'objet –, Obama, en refusant d'insister sur sa couleur de peau, entend transcender cette aspiration communautaire issue des années 1960. Mais ce dépassement des identités rêvé par les partisans d'Obama – qui scandent pendant son discours de victoire en Caroline du Sud : « *Race does not matter* » (« la race ne compte pas ») – correspond-il aux réalités de l'Amérique contemporaine ?

12

Le retour de l'identité

Obama lui-même n'estime pas que l'Amérique ait atteint ce stade « post-racial » où la couleur n'interférerait plus dans la vie des individus. Il connaît la différence entre ce qu'il souhaite pour demain, et ce qu'il sait de l'Amérique d'aujourd'hui. Tous les indicateurs socio-économiques, de la mortalité infantile à l'espérance de vie, témoignent qu'il y a toujours un fossé entre la majorité blanche et les minorités. Un jeune Noir sur neuf – de 20 à 34 ans – est incarcéré, contre un adulte blanc sur 106. En Caroline du Nord, les deux tiers des Noirs et des Latinos sont scolarisés dans des lycées qui comptent moins de 10 % de Blancs[1]. Obama sait également que la question raciale a déjà interféré lors de la campagne, même si le vote a témoigné des évolutions en cours :

> Bien que l'on ait été tenté de juger ma candidature à travers un prisme exclusivement racial, nous avons remporté des victoires sans appel dans des États parmi les plus blancs du pays. En Caroline du Sud, où flotte encore le drapeau des Confédérés, nous avons forgé une coalition puissante d'Afro-Américains et d'Américains blancs. À plusieurs reprises depuis que la campagne a commencé, des commentateurs m'ont jugé ou « trop noir » ou « pas assez noir »[2].

La manière dont les journalistes qualifient Obama est révélatrice de leur embarras : doit-on écrire qu'il est « noir » ou « métis » ? Si l'identité était seulement « naturelle », il devrait être dit « métis » – fils d'un Kenyan et d'une Blanche américaine – mais l'identité est inscrite dans un rapport social. Si les électeurs continuent à le percevoir comme « noir », refuser de le qualifier de la sorte reviendrait à adopter une position *« color blind »* aux antipodes de la réalité américaine. À la question posée par un présentateur d'une télévision afro-américaine « *Are you Black Enough ?* » (Êtes vous assez noir ?), Obama fait une réponse – « *Compared to Who ?* » (Comparé à qui ?) – qui rappelle que l'identité dépend du regard de l'autre... Et, d'ajouter, faisant rire le public, « *To Flavor Flav ?* ». Faire référence à ce rappeur américain, foncé de peau, lui permet d'entrer dans une connivence humoristique avec les téléspectateurs de la chaîne, en leur signalant qu'il n'a aucune gêne vis-à-vis de la question de la couleur. Un avocat issu de Harvard aurait pu faire montre d'une certaine pudeur qui l'aurait éloigné des codes culturels de l'électorat noir populaire.

La polémique des sermons

Obama sait que les clivages raciaux sont toujours prégnants, que le combat pour l'égalité n'est toujours pas gagné. Il comprend l'inquiétude des militants noirs, pour qui la reconnaissance du métissage – 70 % des Africains-Américains pourraient se reconnaître métis – affaiblirait la solidarité raciale *(black unity)* et amoindrirait le poids politique de la communauté. Il argumente en se servant d'exemples personnels :

> Bien que j'occupe un poste qui me protège de la plupart des coups que l'homme noir moyen doit subir, je peux réciter la litanie d'affronts mesquins dont j'ai été la cible durant les quarante-cinq ans de ma vie. Des agents de sécurité qui me suivent dans les centres commerciaux, des couples de Blancs qui me donnent leur clé de voiture alors que je me tiens devant un restaurant attendant moi-même un voiturier, des voitures de police qui me demandent de me rabattre sur le côté sans raison apparente. Je sais ce que cela fait d'entendre des gens vous dire que vous ne pouvez pas faire quelque chose en raison de votre couleur de peau, et je connais la sensation d'amertume liée à la colère refoulée[3].

Obama sait aussi que les préjugés racistes peuvent faire l'objet d'une instrumentalisation politique. C'est John McCain qui en avait pati, lors des primaires républicaines qui l'opposaient à George W. Bush en 2000. L'équipe du futur président avait lancé la rumeur selon laquelle John McCain avait eu une fille illégitime avec une Afro-américaine. Bush s'était ainsi assuré une victoire facile en Caroline du Sud, ce qui lui avait ouvert la route de la nomination républicaine.

En mars 2008, Barack Obama se retrouve au cœur d'une polémique concernant sa relation avec son pasteur, Jeremiah Wright. Lorsque ce dernier entre à l'Église de La Trinité Unie du Christ (The Trinity United Church of Christ), le 1er mars 1972, sa paroisse compte 250 membres. Aujourd'hui, elle compte 8 000 fidèles[4]. Wright prêche en dashikis* et est adepte de la théologie noire de la libération, introduite par le révérend James Hal Cone. Cette démarche consiste à s'éloigner des interprétations de la Bible qui justifiaient l'esclavage. L'Évangile est assimilé aux luttes du peuple noir. Wright organise des visites dans des pays d'Afrique, lance des programmes d'alphabétisation et de prévention contre le sida, ouvre des centres médicaux et transforme l'immeuble qui lui servait d'église dans les années 1970 en garderie pour les enfants du quartier. Dans les années 1980, Barack Obama ne reste pas insensible au message du révérend Wright. Sa conversion lui permet de mieux s'intégrer à la communauté noire américaine et l'aide à se forger une plus grande assurance. L'église propose alors un séminaire sur l'art rhétorique. Il s'inspire des enregistrements de Wright et développe un style oratoire proche de celui que l'on peut entendre dans les églises noires. Mais au lieu d'adopter la même véhémence que son mentor, il s'exprime avec un ton plus calme. À son retour de Harvard, Barack épouse Michelle Robinson sous la bénédiction du révérend Wright. Ce dernier baptise leurs deux filles, Sasha et Malia. Plus qu'un simple pasteur, Wright devient un père de substitution pour Obama, qui lui demande conseil avant certaines prises de décision concernant son engagement politique. Lorsque la polémique des sermons fait surface, Wright affirme avoir dit à Obama que s'il envisa-

---

* Tuniques colorées traditionnelles largement répandues en Afrique occidentale.

geait de se présenter à la présidentielle, il devrait prendre ses distances avec son église. Depuis l'annonce de la candidature d'Obama, l'église a été la cible de menaces par téléphone. Les conservateurs l'accusent d'être une église séparatiste qui prône le racisme anti-blanc. Selon les proches de Wright, cette accusation est absurde : au sein de la dénomination évangélique, l'Église de La Trinité Unie du Christ est la congrégation qui compte le moins de paroisses noires. Le révérend Wright organise de nombreuses rencontres entre ses paroissiens et ceux d'églises issues de quartiers blancs de Chicago. Des pasteurs blancs sont régulièrement invités à prêcher dans son église.

En mars 2008, ABC diffuse des extraits d'anciens sermons du pasteur, dans lequel il tient des propos jugés racistes et antipatriotiques. Une semaine après les attentats du 11 septembre 2001, Wright avait déclaré que ces attaques étaient la conséquence de la politique étrangère américaine. Il accuse le gouvernement d'avoir menti pour faire entrer le pays dans la guerre. Et de conclure qu'il n'est plus possible de chanter « Que Dieu bénisse l'Amérique » (« *God Bless America* »), et qu'il serait plus juste de chanter « Que Dieu maudisse l'Amérique » (« *God Damn America* »).

Les médias conservateurs tentent à cette occasion de déstabiliser Obama, comme s'il était « coupable par association ». La chroniqueuse Ann Coulter écrit : « S'il a fallu vingt ans à Obama pour s'apercevoir que son pasteur était raciste, il lui faudra toute la durée de son mandat pour reconnaître que les États-Unis ont été envahis par Al-Qaida. » Les sermons du pasteur sont imprégnés d'une sorte d'« amertume raciale », ce qui est un problème pour Obama, dans la mesure où c'est précisément ce qu'il entend dépasser à travers sa campagne. Pourtant, comme le fait remarquer la journaliste du *Chicago Tribune*, Manya A. Brachear, l'analyse minutieuse des sermons de Wright révèle un message beaucoup plus complexe[5]. Elle souligne que ses prédications s'inscrivent dans une « tradition prophétique », mêlant théologie et histoire des relations raciales aux États-Unis. Selon le révérend Bernard Richardson, doyen de la chapelle de l'université Howard, des paroles telles que « Dieu maudisse l'Amérique », sont au cœur des sermons prophétiques. Il n'y qu'à voir le vocabulaire acerbe utilisé par les prophètes dans les écritures saintes.

Le discours de Philadelphie

Face à la polémique, entraînant dans son sillage une baisse dans les sondages, le candidat Obama se doit de répondre. Le 18 mars 2008, le candidat à l'investiture démocrate profite d'une réunion au Constitution Center de Philadelphie, pour livrer sa réflexion sur la race en Amérique. Dans un discours intitulé « Une union plus parfaite » (« *A More Perfect Union* »), il condamne les propos de Wright, sans pour autant renier l'homme. Il replace le raisonnement du pasteur dans un contexte général, celui des relations interraciales aux États-Unis. Plutôt que de se contenter d'une condamnation abstraite du racisme, il enracine cette histoire, faite de méfiance réciproque, dans celle de sa famille :

> Je ne peux pas plus le renier que je ne peux renier la communauté noire. Je ne peux pas plus le renier que je ne peux renier ma grand-mère blanche, une femme qui a participé à mon éducation, une femme qui a sacrifié tant et tant pour moi, une femme qui m'aime plus que tout au monde, mais aussi une femme qui m'a un jour avoué qu'elle avait peur des Noirs qu'elle croisait dans la rue, une femme qui, plus d'une fois, a émis des remarques racistes qui m'écœuraient[6].

Garry Wills, professeur d'histoire émerite à North-Western, compare ce discours avec celui d'Abraham Lincoln à la Cooper Union de New York le 27 février 1860[7]. Obama commence son discours comme Lincoln le fit, en citant la constitution. Il reprend l'idée que si l'union n'est pas parfaite, elle peut être perfectionnée au fil du temps :

« L'erreur profonde du révérend Wright n'est pas d'avoir parlé du racisme dans notre société. C'est d'en avoir parlé comme si notre société était figée, comme si nous n'avions accompli aucun progrès, comme si ce pays, où un Noir peut être candidat à la fonction suprême [...] était encore prisonnier d'un passé tragique[8]. »

Alors que le but de Lincoln était de conjurer le spectre de la sécession, celui d'Obama est de parfaire l'unité du peuple américain. Sans nier la part d'ombre de l'histoire américaine, les deux hommes adoptent une position éthique faite de rejet de l'extrémisme. Il est une différence importante entre les deux hommes, que ne pointe pas Garry Wills : Obama est le premier noir nominé, ce qui rend d'autant plus nécessaire ce discours sur la question raciale. Même si l'ensemble des médias et de la classe politique salue le discours du sénateur de l'Illinois, la « polémique Wright » rebondit un mois plus tard. Le 27 avril, dans un discours prononcé lors d'une levée de fonds pour la NAACP, Wright affirme que le gouvernement a une part de responsabilité dans la propagation du sida au sein de la communauté noire. Pour couper court à la controverse, Obama décide de rompre définitivement tous liens avec Jeremiah Wright. Le 31 mai, il quitte officiellement l'église de Chicago. Les critiques à connotation racialiste vont désormais se polariser sur Michelle Obama.

Une First Lady noire ?

Le 30 mai 2008, Larry Johnson, partisan d'Hillary Clinton, laisse entendre sur son blog qu'il existerait une vidéo de Michelle Obama dans laquelle elle aurait fait allusion aux Blancs en utilisant le terme péjoratif « *whitey* ». Des blogueurs analysent des extraits d'un mémoire universitaire de Michelle Obama qui avait pour thème les questions raciales à l'université. Citant l'ouvrage de Stokely Carmichael et Charles Hamilton : *Black Power : The Politics of Liberation in America* (1967), Michelle Obama serait une séparatiste qui userait de son influence politique dans l'unique intérêt des Noirs.

Selon Karen Grigsby Bates, la société américaine se montrerait encore méfiante face aux femmes qui expriment leurs opinions sans detours. Elle le serait davantage face aux femmes noires. C'est l'une des conclusions de son enquête auprès de plusieurs femmes africaines-américaines, destinée à connaître leur impression concernant l'idée d'une First Lady noire à la Maison Blanche[9]. Certaines femmes font un lien entre la carrure imposante de Michelle et les réactions qu'elle provoque. Du fait de son franc-parler, les conservateurs l'ont prise pour cible et ont inauguré un nouveau jeu – « *Kill The Witch* » (« Tuer la sorcière ») – dont le but est de passer au crible la moindre de ses déclarations. L'objectif est de faire d'elle l'incarnation de la « femme noire aigrie ». Le *National Review Online* l'a surnommée « Mme Grief » (« *Mrs Grievance* ») et lui reproche son anti-patriotisme. Dans le Wisconsin, en février 2008, elle avait exprimé sa fierté « d'être américaine pour la première fois dans sa vie d'adulte. » Une équipe de conseillers a pour tâche d'établir une stratégie pour adoucir son image auprès des électeurs. Malgré – ou du fait – de son charisme, elle dégage une agressivité qu'il faudrait tempérer.

La femme d'un candidat n'a jamais été un facteur décisif lors d'une élection. Pourtant, selon Myra G. Gutin, professeur en communication à l'Université Rider dans le New Jersey, la compagne d'un candidat peut influencer le choix des électeurs. Elle révélerait indirectement la personnalité de l'homme qui se cache derrière le politicien car c'est avec elle qu'il a choisi de passer sa vie et de fonder une famille.

Michelle Obama suscite un vif engouement chez les femmes afro-américaines. Pour beaucoup, elle véhicule une image positive de la femme noire, comme l'affirme Whoopi Goldberg dans l'émission « *The View* » :

> Les médias donnent une image négative de la femme noire, et quand je dis femme noire, je ne parle pas de celle qui a le teint clair, je parle de celle qui a la peau foncée. Peut-être que ce que je dis semble absurde pour certains mais c'est vrai. Lorsque les médias montrent une femme noire à la peau foncée, elle s'exprime mal, elle n'a pas de dents et si elle en a, elles sont en or. Alors, Michelle, je voulais juste vous dire Merci.

L'explication de Whoopi Goldberg peut paraître excessive, mais de nombreuses Africaines-américaines avouent qu'elles apprécient Barack Obama davantage parce qu'il a choisi une femme à la peau foncée. L'écrivaine Kim McLarin écrit sur le site Root.com [10] :

> Lorsque j'observe Michelle, ce qui me vient tout de suite à l'esprit n'est pas sa force de caractère ni son intelligence ni ses diplômes, mais tout simplement le fait qu'elle ne ressemble en rien à Halle Berry ou Heidi Klum*. Elle me ressemble.

Certaines femmes noires déplorent le fait que la plupart des hommes noirs célèbres s'affichent constamment aux bras de femmes noires au teint clair ou de femmes blanches (Spike Lee, Eddie Murphy, Colin Powell, Taye Diggs, etc.). Elles les suspectent de choisir ces femmes pour épouses comme un signe de leur élévation sociale [11].

Kim McLarin précise qu'elle n'entend pas être mal interprétée : « En aucun cas je condamne les couples mixtes, et je ne suis pas en train de jeter la pierre à mes sœurs au teint clair. […] Ce que je dis, c'est qu'en Amérique, il est rare de voir une femme d'un homme noir célèbre qui ressemble à Michelle, et la voir aux côtés de Barack, est pour certaines d'entre nous, presque aussi extraordinaire que de voir où il en est aujourd'hui dans la course présidentielle. »

Obama effect vs. Bradley effect

Obama a-t-il bénéficié du fait d'être noir ? Cette interrogation peut sembler iconoclaste, tant il paraît évident de prime abord qu'appartenir à une minorité est un handicap dans un pays historiquement marqué par le racisme. On a même évoqué un « Bradley Effect », pour désigner le destin malheureux des candidats noirs. L'expression fait référence à la défaite en 1982 du maire noir de Los Angeles, Tom Bradley, au poste de gouverneur de Californie. Les derniers sondages lui donnaient une marge de 8 points d'avance sur George Deukmejian, son

---

* Mannequin allemande mariée au chanteur nigérian Seal.

concurrent républicain blanc. Ce dernier remporta finalement l'élection : les électeurs blancs avaient donné une réponse « politiquement correcte » aux sondeurs de crainte d'apparaître comme racistes.

Cependant, un phénomène inverse a pu être observé dans le rapport d'Obama à l'électorat blanc. En Caroline du Sud, alors que seulement 10 % des Blancs démocrates avaient affirmé leur intention de voter pour lui, c'est finalement 28 % d'entre eux qui se sont reportés sur son nom. Cet « Obama effect » a été observé en Georgie quelques semaines plus tard, où 40 % des électeurs démocrates blancs ont voté pour lui.

Y aurait-il alors désormais un avantage à être noir ? Pour avoir envisagé cette hypothèse, Geraldine Ferraro, collaboratrice d'Hillary Clinton, a été contrainte à la démission. Il convient de ne pas occulter la fin du raisonnement de Geraldine Ferraro, qui soulignait que si elle-même avait été un homme – « si je m'étais appelée Gerald... » –, elle n'aurait sans doute pas été choisie comme colistière par le prétendant démocrate à la présidence Walter Mondale en 1984. En un mot, le fait d'incarner la diversité, loin d'être un handicap, peut être un atout dans l'Amérique contemporaine.

Les électeurs américains, en se déterminant pour tel ou tel candidat, sont-ils indifférents à leur couleur ? Si 80 à 90 % des Noirs américains ont voté pour Obama lors des primaires, n'est-ce pas pour ne pas laisser passer cette occasion historique d'avoir un premier « noir président » ? C'est ce que suggère la « une » du principal magazine afro-américain, *Ebony*, en mars 2008 : « Allons-nous réellement assister de notre vivant à l'élection du premier président noir de la Nation ? »

Mais en quoi le fait d'être noir pourrait-il être un avantage auprès de l'électorat blanc ? David Greenberg, dans le Washington Post, suggère que l'Obamamania serait due au fait que le sénateur de l'Illinois « porterait l'espoir des Blancs [12] »...

Si des Blancs votent pour lui, c'est parce qu'il serait ce candidat « noir » qui, refusant d'évoquer le passé ségrégationniste, les débarrasserait de la « *white guilt* » (la « culpabilité blanche »). Voter Obama, ce serait rompre avec le discours fondé sur la responsabilité de l'Amérique blanche dans les problèmes de l'Amérique noire.

Dans ce contexte, les critiques de certains leaders afro-américains à l'encontre d'Obama lui permettraient de se rapprocher de l'électorat blanc, notamment dans des États où les questions de race et de classe sont imbriquées. Jesse Jackson, invité d'un show diffusé sur Fox News le 9 juillet 2008, laisse échapper en *off* des critiques sur le candidat démocrate. Au moment du caucus de l'Iowa, Jesse Jackson avait déjà reproché à Obama de n'être pas allé manifester à Jena, en Louisiane, pour soutenir les jeunes Noirs impliqués dans une affaire judiciaire. Pour Alan Abramowitz, professeur de sciences politiques à l'université Emory, ces critiques peuvent constituer un avantage politique pour Obama. Tout ce qui le distancie, en termes d'image, des leaders noirs de la période des droits civiques, l'aiderait à conquérir le vote des Blancs les moins éduqués.

Le vote peut cesser d'être raciste, et ne pas moins en demeurer racial. Si l'Amérique blanche est prête à élire un Noir, elle n'en serait pas au stade où elle voterait pour un candidat indépendamment de sa couleur de peau. Obama ne réussirait pas parce qu'il est métis, mais parce qu'il est identifié comme un Noir prônant un dépassement du clivage noir-blanc. Son succès ne symbolise pas la fin des identités, mais révèle sa capacité à s'adresser à la fois aux Noirs et aux Blancs.

La personnalité d'Obama, plutôt que de faire de lui une figure de l'altérité menaçante – c'est ce sur quoi parient certains républicains –, lui permet de se faire reconnaître comme « même » par toutes les franges de la population. Comparé à un caméléon, il sait adapter sa rhétorique. Qu'il s'adresse aux Noirs par le biais de BlackPlanet.com ou aux Hispaniques par celui de migente.com, il joue de la diversité de ses origines pour apparaître proche de chaque communauté. S'il n'a pas d'ascendant hispanique, il précise non sans opportunisme que sa demi-sœur indonésienne est fréquemment prise pour une Mexicaine... Pour obtenir le vote des Noirs du Sud, il s'est construit « afro-américain ». Lui le métis africain sortant de Harvard s'est coulé dans le moule attendu par l'électorat populaire afro-américain. L'humour lui permet de donner des gages de sa connivence culturelle. Lorsqu'on lui demande comment il a pris la décision d'embrasser une carrière politique nationale, suite à la vacance d'un poste au sénat, il affirme qu'il a fait ce que tout homme noir aurait fait à sa place : d'abord, prier Dieu, ensuite demander à sa femme... Michelle Obama a contribué à la forte mobilisation des Africains-américains. Répondant à la critique selon laquelle son mari ne serait pas assez noir, elle évoque le rapport entre la race et la réussite, dans une société dominée par les Blancs depuis des générations :

> J'ai grandi à South Side Chicago. Je suis noire. Mes parents sont noirs. Et il y a des gens qui disent cela de moi, que je ne suis pas assez noire... Cela n'a rien à voir avec Barack. Cela a tout à voir avec ce que signifie la race dans ce pays. J'ai souffert de propos anti-intellectuels : « Tu es allée à Princeton et Harvard. Tu parles bien. » J'ai entendu dire : « Tu parles comme une Blanche ».

Noir parmi les Noirs quand il est dans le Sud, Obama redevient le fils du Kansas lorsqu'il retourne dans le Middle West. Il explique son empathie avec l'Amérique blanche et rurale : « Je connais ces gens. Ce sont mes grands-parents. La nourriture qu'ils vous servent est la nourriture que me servaient mes grands-parents quand j'étais petit. Leurs manières, leur sensibilité, leur notion du bien et du mal : cela m'est vraiment familier. » Après une primaire perdue en Pennsylvanie, il commence sa campagne dans l'Indiana en affirmant devant une foule enthousiaste, qu'« il est bon de revenir dans le Middle West ». En juillet 2008, dans un spot publicitaire diffusé dans des États républicains – la Géorgie et la Caroline du Nord –, Obama insiste exclusivement sur son héritage blanc, illustrant son histoire de photos de famille où on le voit aux côtés de sa mère blanche et de ses grands-parents blancs.

Obama veut ainsi prouver à chaque section de l'électorat qu'il partage ses valeurs et ses codes culturels. Être identifié par chaque communauté comme étant l'un des siens est plus payant électoralement que se positionner au-delà des identités.

Conclusion
Un enjeu mondial

En 2004, Barack Obama terminait à peine de rembourser ses derniers prêts étudiants. Lorsque Hillary Clinton préparait déjà sa candidature à la présidentielle de 2008, il n'était encore qu'un élu local. En quatre ans, Obama est passé du stade de quasi inconnu à celui de favori de l'élection présidentielle, connu sur la scène internationale. Il lui aura fallu de la chance et une conjoncture toute particulière pour réussir ce tour de force. Il doit aussi cette ascension fulgurante à ses qualités propres. Tout d'abord, une insatiable ambition. David Brooks, célèbre éditorialiste du *New York Times*, affirme que l'erreur serait de se laisser abuser par cette apparence de facilité, comme si le succès était arrivé par hasard :

> C'est le seul politicien de notre génération qui soit sous-estimé parce qu'il est trop intelligent. Il s'exprime en utilisant tant de mots polysyllabiques et si calmement que les gens n'arrivent pas à se rendre compte des ambitions machiavéliques qui l'habitent. [...] Les républicains n'ont de cesse de le taxer de naïf. Mais naïf est le dernier mot que j'emploierais pour décrire Barack Obama. Il est l'animal politique le plus efficace que j'ai vu depuis des décennies. Même Bill Clinton ne fut pas assez habile pour réussir en politique en prétendant renoncer à la politique.

La biographie d'Obama va bien au-delà de ces parcours méritocratiques qu'on nous offre souvent en exemple (Truman, Eisenhower, Johnson, Nixon, Reagan et Clinton étaient tous d'origine modeste). Elle révèle la singularité d'une personnalité, qui tranche avec les caractères lisses qu'offrent ses collègues de Washington. Sa popularité, il la doit à un don pour la conciliation et à un talent rare pour trouver des compromis improbables. Il y a chez Obama une radicalité dans la recherche du juste milieu.

C'est un faux paradoxe : trouver une voie médiane n'est-il pas plus difficile que se porter aux extrêmes ?

Son image de fraîcheur et de nouveauté rencontre les attentes d'une opinion qui a soif de changement. Et, surtout, il possède ce charisme qui lui permet de soulever l'enthousiasme des foules. Plus de 75 000 personnes ont assisté à son discours au stade Invesco Field à Mile High lors du quatrième et dernier jour de la convention démocrate. À l'instar de ce qu'avait fait Kennedy avant lui, Obama a sorti la convention du cercle fermé des membres du parti et des journalistes, pour se presenter devant le peuple dans un geste spectaculaire de démonstration de sa force politique. Face à cette popularité, McCain n'a d'autre choix que de miser sur une campagne qui valorise la modestie.

Depuis un demi-siècle et, *a fortiori* depuis la chute du mur de Berlin, l'élection présidentielle américaine est suivie par le monde entier. Son résultat influence le reste de l'humanité, pour le meilleur ou pour le pire. D'aucuns se demanderont à quoi ressemblerait le monde aujourd'hui si Al Gore avait été élu en 2000 à la place de George W. Bush. L'élection du président des États-Unis est bien celle d'une des personnes les plus influentes du monde. C'est une des raisons qui fait que les Français suivent cet événement avec attention. Mais ce n'est pas la seule. Il est courant de voir les Français s'enthousiasmer pour les candidats démocrates, au risque d'être déçus. Mais ni Al Gore, ni John Kerry, n'avaient suscité un tel engouement. Plusieurs comités de soutien ont été créés. Si ces initiatives ne peuvent pas peser sur l'élection américaine – les Français ne votent pas aux États-Unis et ils ne peuvent pas financer la campagne du candidat américain –, elles sont révélatrices d'un intérêt inédit. Christian Bidonot est à l'origine du premier comité de soutien, lancé le 7 janvier 2008 et composé d'originaires d'Outre-mer. Au début des primaires, Samuel Solvit, étudiant en commerce et relations internationales, crée le Comité français de soutien à Barack Obama, qui, avec 3 500 membres en août 2008, est le plus important comité de soutien hors États-Unis. Samuel Solvit nous explique le sens de son initiative :

On pourrait penser de prime abord que, tel notre Comité français de soutien à Barack Obama, les mouvements qui hors du sol américain, cherchent à promouvoir sa candidature sont inutiles, voire n'ont aucun sens. À mieux y regarder, on verra qu'ils sont l'expression d'une nouvelle étape de la mondialisation, celle d'une nouvelle forme d'organisation politique, elle aussi mondialisée. Comment sérieusement penser que les populations du monde entier ne sont pas concernées par la guerre en Irak, la tension terroriste, la crise financière ou les problèmes d'intégration similaires dans l'ensemble des démocraties?

Le comité d'honneur, qui se construit progressivement, compte dans ses rangs Axel Poniatowski, président de la Commission des affaires étrangères de l'Assemblée nationale, Bertrand Delanoë, ou encore l'avocat antillais Jean-Claude Beaujour. Tout d'abord sceptiques, les responsables démocrates expatriés à Paris approuvent ces soutiens, comme le fait Zachary Miller, l'organisateur des meetings pro-Obama pour les Américains de Paris ou Constance Borde, vice-présidente de *Democrats Abroad France* qui, en tant que super déléguée, a pris parti pour Obama. Dans ce contexte, la visite de Barack Obama à Paris, reçu par le président Sarkozy le 25 juillet 2008, a un écho tout particulier, l'Obamamania semblant gagner la France. La démocratie américaine est sans doute loin d'être parfaite. Elle a cependant permis l'émergence d'un sénateur noir de 46 ans dans les plus hautes sphères du pouvoir. Celui-ci n'a pas été nommé par le président tel un ministre ou un secrétaire d'État. La nomination de Rachida Dati au poste de ministre de la Justice par le Président Sarkozy fut un geste à la symbolique forte, tout comme celle de Rama Yade au poste de secrétaire d'État aux Affaires étrangères et aux Droits de l'homme. Cette dernière nous confie, au sujet d'Obama:

> Barack Obama est pour moi un rêve américain, ce rêve américain qui régulièrement surgit de nulle part et fait que l'Amérique est ce qu'elle est. Ainsi, alors que l'Amérique du XXIe siècle attendait un Messie noir, forcément afro-américain, nécessairement descendant d'esclaves fût-il d'origine caribéenne comme

Colin Powell, c'est un jeune homme d'origine kényane, qui frappe à la porte de la Maison-Blanche. Obama interpelle car il incarne cette nouvelle immigration africaine, visible à New York sur la 5ᵉ Avenue ou sur *Malcolm X* Boulevard. C'est beau. Mais c'est triste aussi car je ne peux m'empêcher de penser à la France. Beaucoup disent que ma nomination au gouvernement comme secrétaire d'État est historique. À ce rythme si lent, combien de temps faudra-t-il pour que la France ait un Noir aux portes de l'Élysée ?

En effet, le fait qu'Obama ait atteint les sommets de la vie publique par le biais des élections témoigne de la fluidité du système américain. Peut-on se féliciter de la candidature d'Obama aux États-Unis et ne pas s'interroger sur la capacité pour les institutions françaises de s'ouvrir à la diversité ? À la suite de la révolution pour les droits civiques, le système électoral américain avait perdu sa légitimité après des décennies de ségrégation raciste. L'accession des minorités à des postes de responsabilité est alors apparue comme une nécessité. Obama est un symbole pour nombre de Français issus de la diversité. Cherchant une preuve que la carrière politique est ouverte à tous, ceux-ci se tournent vers leur Assemblée nationale et y trouvent peu de femmes, peu de personnes issues de milieux populaires, aucun Maghrébin, une seule élue noire originaire de l'Hexagone, George Pau-Langevin, ce qui a été vu comme un progrès lors des législatives 2007.

Christiane Taubira, député de la Guyane et première femme noire à avoir brigué en France la présidence de la République en 2002, ne veut pas idéaliser Obama, mais elle estime que sa performance mérite d'être saluée parce qu'elle a pulvérisé des clichés :

> Bien au-delà des États-Unis et de nos combats immédiats, elle éclaire le monde d'une relation nouvelle, moins chargée d'agressivité, moins marquée de défiance. [...] Il n'est pas à notre portée d'agir directement sur le scrutin de novembre. Mais nous pouvons et nous devons prolonger les batailles livrées par Obama pour les arrimer à nos propres luttes et

contribuer à insuffler au monde plus de lucidité, de paix et de fraternité.

Le phénomène Obama ne semble pas pouvoir avoir lieu en France, où l'appareil national des partis contrôle le mode de désignation des candidats et rend impossible tout financement alternatif des campagnes. Aucune solution n'a encore été apportée par les pouvoirs publics à la crise des émeutes urbaines de 2005. La lutte contre les discriminations racistes manque encore de moyens. Il n'est pas étonnant de constater que les habitants des banlieues ne sont pas les moins enthousiastes. Les parents se disent qu'« il serait extraordinaire de voir cela de leur vivant », et n'osent pas imaginer un tel destin pour leurs enfants... Quant aux plus jeunes, ils ont des naïvetés qui en feront sourire plus d'un : une lycéenne nous assurait que la victoire d'Obama serait « la libération de tous les Noirs du monde ! »...

La déception – en cas de défaite d'Obama ou de présidence en demi-teinte – pourrait être à la hauteur de l'immense espoir suscité. De plus, la situation économique de son pays est telle que la marge de manœuvre d'Obama pourrait être très limitée. Même s'il parvenait à être un grand président, capable de modifier la structure plutôt que d'être modifié par elle, il faut rappeler cette évidence : son projet social et économique est destiné aux États-Unis d'Amérique. Son recentrage politique qui, déjà, déçoit tant de Français, s'adresse à l'opinion publique de son pays. Quant à sa politique étrangère, elle ne consistera pas à brader les intérêts américains. Obama ne sera pas le président du monde.

Et pourtant, depuis que sa victoire s'est dessinée lors des élections primaires, l'engouement pour Obama a traversé les océans. Une étude menée par le Pew Global Attitudes Project dans 24 pays ferait regretter au candidat démocrate que l'ensemble du monde ne puisse pas voter aux élections de novembre... Car si le résultat de l'élection s'avère indécis à la lecture des sondages américains, une enquête menée sur 47 000 personnes parlant 60 langues différentes montre qu'Obama est plébiscité dans la plupart des pays. Andrew Kohut, qui dirige le projet, affirme que la popularité mondiale d'Obama tient principalement à son opposition à la guerre en Irak et au fait qu'il aurait un « profil différent du candidat américain typique ». L'Australie, le Japon, l'Espagne et la Tanzanie comptent les plus gros scores en faveur d'Obama. 74 % des Britanniques ont confiance en Obama contre 44 % seulement pour McCain. Beaucoup estiment que l'élection d'Obama améliorerait l'image des États-Unis dans leur pays. À défaut d'une citoyenneté mondiale, ce type d'enquête révèle la naissance d'une opinion mondiale : 83 % des Japonais suivraient l'élection américaine de « très près » contre seulement 80 % aux États-Unis[1]...

Il y aurait deux raisons principales à cette Obamamania mondiale. La première est liée à une qualité d'Obama qui fait aussi la clef de sa réussite nationale : chaque pays, comme chaque communauté aux États-Unis, trouve en lui une part de leur identité. Les habitants du continent africain le considèrent comme un des leurs, du fait de son ascendance kényane. Sa popularité dans de nombreux pays d'Asie lui vient de son éducation en Indonésie. Au Proche-Orient, certains voient en lui celui qui s'est opposé à la guerre en Irak, celui dont le père et le grand-père étaient musulmans et dont le frère est converti à l'Islam.

Mais si Obama apparaît à beaucoup comme une icône de la « mondialité », c'est qu'il invite à repenser les relations entre centre et périphérie, entre grands et petits pays. Chaque endroit du monde peut désormais interférer sur tous les autres. Si les États-Unis ont une influence sur l'ensemble de la planète, la décision que prit son père de quitter le Kenya influe aujourd'hui, près de cinquante ans plus tard, sur le destin politique de la première puissance mondiale.

Quand son discours de Berlin, le 24 juillet 2008, prône une « citoyenneté universelle » (« *global citizenship* »), Tucker Bounds, le porte parole de McCain, évoque la démarche strictement nationale de son candidat: « Tandis que Barack Obama a franchi prématurément l'étape de la victoire dans le cœur de Berlin, en s'auto-proclamant citoyen du monde, John McCain a continué d'exposer les faits aux citoyens américains qui détermineront l'issue de cette élection. » Pour marquer que l'élection se jouerait bien sur le sol américain, le candidat républicain, au moment où Obama s'adresse à 200 000 Berlinois – dont aucun ne votera le 4 novembre –, médiatise une rencontre avec quelques dizaines d'Américains – mais tous électeurs –, dans un restaurant allemand de Colombus (Ohio). Un spot publicitaire des républicains précise que McCain fait passer son pays avant: *« McCain, Country First »*. Cette « citoyenneté universelle » dont parle Obama pourrait le desservir dans l'Amérique profonde puisque les républicains tenteront de le présenter comme moins américain que son adversaire. Si 2008 est l'année des démocrates, une partie de l'électorat reste perplexe vis-à-vis d'un candidat atypique. Cette élection présidentielle pourrait bien se transformer en référendum sur Obama.

L'élection de Barack Obama pourrait démentir les théories du professeur conservateur Samuel Huntington, pour qui les conflits sont désormais de civilisations. Hispaniques contre Anglo-Américains à l'intérieur des États-Unis, musulmans contre chrétiens dans le reste du monde: ses interprétations ne laissent que peu de place à la complexité identitaire dont Obama est porteur. En n'entrant pas dans les cases préformatées de la société américaine, Obama la met devant un dilemme intéressant. Transcendant les traumatismes post-11 Septembre, il redessine les contours de ce qu'est un Américain. Il exprime, pour des millions de citoyens, les identités transnationales qui sont les leurs, en ce début de XXIe siècle. Par la pluralité de ses origines, il incarne la fin des identités mutuellement exclusives. Par la philosophie politique qu'il défend, il annonce le dépassement du « choc des civilisations ». Le choix de Berlin pour prononcer son discours aux Européens lui permet d'utiliser une métaphore qui l'inscrit dans un monde post-Guerre froide: « Le plus grand danger est de laisser de nouveaux murs nous diviser. [...] Les murs entre les pays les plus riches et les plus pauvres ne peuvent pas rester debout. Les murs entre race et tribus, entre autochtones et immigrants, entre chrétiens, musulmans et juifs ne peuvent pas rester debout. ». En cela – et c'est ce que perçoit une grande partie du monde –, le destin d'Obama mettrait en jeu bien plus que l'avenir de l'Amérique. La capacité, pour les nouvelles générations, à faire vivre ensemble les identités multiples.

Notes

Introduction

1. André Kaspi, François Durpaire, Hélène Harter et Adrien Lherm, *La Civilisation américaine*, PUF, Paris, 2006, p. 510.
2. Marlène Coulomb-Gully, *La Démocratie mise en scènes. Télévision et élections*, CNRS Éditions, Paris, 2001, p. 11.
3. Theodore H. White, *La Victoire de Kennedy ou comment on fait un président (8 novembre 1960)*, Robert Laffont, Paris, 1961, p. 372 [Édition originale : *The Making of the President, A narrative history of American politics in action*, Atheneum Publishers, New York, 1961].
4. Theodore Sorensen, « Heir Time », *The New Republic*, juillet 2007, p. 16. Traduction *Courrier international*, 23 au 29 août 2007, n° 877, p. 31.
5. C'est le titre de l'ouvrage d'André Kaspi, *Mal connus, mal compris, mal aimés, les États-Unis d'aujourd'hui*, Plon, Paris, 1999.

1. Une jeunesse cosmopolite (1961-1981)

1. David Mendell, *Obama: From Promise to Power*, HarperCollins Publishers, New York, 2007, p. 28
2. Barack Obama, *Dreams from my Father. A story of Race and Inheritance*, Three Rivers Press, New York, 1995, p. 36.
3. *Ibid.*, p. 47.
4. David Mendell, *op. cit.*, p. 48.
5. Cornel West, *Race Matters,* Beacon Press, Boston, 1993, pp. 81-91.
6. Barack Obama, *op. cit.*, p. 89.
7. *Ibid.*, p. 106.
8. *Ibid.*, p. 109.

2. Les premiers engagements (1981-1996)

1. Barack Obama, *Dreams from my Father, op. cit.*, pp. 192-193.
2. *Ibid.*, p. 221.
3. *Ibid.*, p. 346.
4. Cité par Steve Dougherty, *Hopes and Dreams, The Story Of Barack Obama*, Black Dog & Leventhal Publishers, New York, p. 78.
5. Ken Silverstein, « Barack Obama Inc. The Birth of a Washington Machine », *Harper's Magazine*, vol. 313, n° 1878, novembre 2006, pp. 31-40.

6. Cité par Steve Dougherty, op. cit., p. 79.
7. Barack Obama, op. cit., p. 439.
8. Ibid., p. 442.
9. Mary Mitchell, « Let Obama's shining light lead the way for us all », Chicago Sun-Times, 3 novembre 2004, p. 7.
10. Sandra Sobieraj Westfall, « Michelle Obama « This Is Who I Am » », People, 18 juin 2007, p. 118.

3. L'apprentissage de la politique (1996-2004)

1. L'intégralité du discours est reproduite dans Barack Obama, Dreams from my Father, op. cit.
2. Bill Zwecker, « The woman who helped Obama get to Senate », Chicago Sun-Times, 2 novembre 2006, p. 5.
3. Scott Fornek, « Obama takes Senate seat in a landslide; « Thank you, Illinois! I don't know about you, but I'm still fired up! » », Chicago Sun-Times, 3 novembre 2004, p. 6.

4. Sénateur des États-Unis

1. Ben Roberts, « Obama leads Democrats in efforts on bird flu », St. Louis Post-Dispatch, 6 novembre 2005, p. B4.
2. Barack Obama, « A Chance To Change The Game », The Washington Post, 4 janvier 2007, éditorial.
3. Lynn Sweet, « Obama draws on African roots as he steps onto global stage with Sudan », Chicago Sun-Times, 18 juillet 2005, p. 30.
4. Eric Krol, « Obama heads to Iraq in January to assess progress », Chicago Daily Herald, 7 décembre 2005, p. 7.
5. Ellis Cose, « What makes Barack Obama, a man with a meager public record, light the fires of hope from here to the far corners of Africa? », Newsweek, 11 septembre 2006, p. 26.
6. Fatoumata Touré, « Obama Personified Triumph », The Nation, Africa News, 6 septembre 2006.
7. Salim Muwakkil, « The Squandering of Obama », In These Times, 2 août 2007, [consulté sur le Net le 4 août 2007 : http://www.alternet.org/story/58372 /].
8. David Ehrenstein, « Obama the « Magic Negro » », Los Angeles Times, 19 mars 2007.
9. Scott Fornek, « Obama is N°1 most popular senator; Illinois freshman leads the pack in job approval poll », Chicago Sun-Times, 17 juin 2005, p. 4.

10. Claude Maddox, « Could Obama Be The Next RFK ? », *The Boston Globe*, 27 novembre 2005, Section Letters, p. K10.
11. Jodi Enda, « Great Expectations », *The American Prospect*, février 2006, p. 22.
12. William Finnegan, « The Candidate : How the Son of a Kenyan Economist Became an Illinois Everyman », *New Yorker*, 24 mai 2004.
13. Peggy Noonan, « The Man From Nowhere », *Opinion Journal from The Wall Street Journal Editorial Page*, 15 décembre 2006.
14. Eugene Robinson, « The Moment for This Messenger ? », *Washington Post*, 13 mars 2007.
15. Erin Kotecki Vest, « From one mom to another », *Chicago Sun-Times*, 29 décembre 2006, p. 14.
16. Maureen Dowd, « Haunted By The Past », *The New York Times*, 1er novembre 2006, p. 23.
17. David Brooks, « Run, Barack, Run », *The New York Times*, 19 octobre 2006, p. 27.

5. Obama candidat

1. Ellis Cose, « Walking the World Stage », *Newsweek*, 11 septembre 2006, Édition américaine, p. 26.
2. Discours d'annonce de candidature de Barack Obama à Springfield, Illinois, le 10 février 2007. Tous les discours de Barack Obama sont disponibles sur son site Internet : www.barackobama.com
3. *Ibid.*
4. Sandra Sobieraj Westfall, « Michelle Obama « This is Who I am » », *People*, 18 juin 2007, vol. 67, n° 24, *op. cit.* p. 118.
5. En 1952, le vice-président Alben W. Barkley ne s'est pas présenté, non pas parce qu'il ne le souhaitait pas, mais parce qu'il n'a pas obtenu le soutien nécessaire notamment des syndicats.
6. James Crabtree, « Barack Obama », *Prospect*, 25 janvier 2007.

6. La course aux délégués

1. Nolan Bowie, « Treating money as free speech », *The Boston Globe*, 16 juillet 2007, p. A11.
2. Lire à ce sujet François Durpaire et Hélène Harter, « La désignation des candidats à la présidence des États-Unis : un processus complexe », *Pouvoirs*, n°126, La Ve République, septembre 2008.

3.Certains États de la Nouvelle-Angleterre ont tenté d'organiser un regroupement similaire, mais le New Hampshire s'y refusa.

4.En 2004, l'élection primaire californienne se retrouva de nouveau en juin.

7. Obama-Clinton : au bout du suspens

1. Federal Election Commission *vs.* Right to Life, Inc., 127 S. Ct. 2652.
2. Notons que le New Hampshire est la première élection primaire du pays par tradition depuis les années 1950 mais aussi à cause d'une loi de cet État qui stipule que le New Hampshire doit tenir ses élections primaires sept jours avant l'élection primaire de tout autre État. En effet, le New Hampshire est très jaloux de sa place dans le calendrier qui lui octroie un rôle décisif lors de l'élection présidentielle.
3. Estimations fournies par le site « *The Green papers* » http://www.thegreenpapers.com/P08 /Đ au 18 juin 2008.
4. Le problème avec les consultants tels que Mark Penn est qu'ils ont d'autres activités très lucratives en dehors des élections. Pendant la campagne, Penn a secrètement participé à une tractation avec des dirigeants colombiens qui l'avaient engagé pour les aider à négocier un accord commercial contre lequel la campagne Clinton s'était prononcée.
5. L'Indiana est le seul État que Clinton remporta sans avoir été très tôt en tête dans les sondages.
6. Charlie Cook, « Hillary's political purgatory ». *The Cook Political Report*, 26 avril 2008. http://www.cookpolitical.com.
7. C'est la question que se pose Karen Tumulty, « How Obama Did It », *Time Magazine*, 05 juin 2008.

8. De l'investiture à la présidence

1. Pour plus d'informations sur la présidence américaine, voir Vincent Michelot, *L'Empereur de la Maison-Blanche*, Armand Colin, Paris, 2004.
2. Un projet de référendum d'initiative populaire est en cours en Californie afin d'adopter le système du Maine et du Nebraska. Dans ces États, chaque parti remporte des grands électeurs par circonscription électorale gagnée et non pas l'ensemble des grands électeurs de l'État. Si cette réforme est adoptée par les électeurs californiens, elle pourrait, en théorie, décider du sort de l'élection présidentielle compte tenu du nombre de grands électeurs (55). Les auteurs de ce texte entendent ainsi redonner une certaine influence aux électeurs républicains qui sont d'habitude submergés par le vote démocrate tous les quatre ans.

3. En 2004, les électeurs du Colorado ont voté contre l'Amendement 36, un référendum d'initiative populaire qui aurait instauré un système de proportionnelle pour désigner les grands électeurs. En 2004, au lieu d'être un État indécis et donc très courtisé par les candidats pour ses 9 grands électeurs, la répartition à la proportionnelle aurait donné un vote de 5-4, n'offrant qu'un petit vote supplémentaire au candidat vainqueur.
4. Régine Montreuil, « Le plan anti-rumeur d'Obama », diasporasnoires.com, consulté le 15 juin 2008.
5. Cité par John K. Wilson, *Barack Obama, This Improbable Quest*, Boudler & London, Paradigm Publishers, 2008, p. 93

9. Le duel Obama-McCain

1. On se souvient par exemple de Charlie Black, un des principaux conseillers de McCain, avouant en juin 2008 qu'une attaque terroriste sur les États-Unis jouerait en faveur de McCain le 4 novembre.
2. On se souvient, en 1991, de la victoire surprise du démocrate Harris Wofford pour le siège de sénateur de Pennsylvanie qui fut attribuée à son spot publicitaire au message choc, écrit par James Carville et Paul Belaga : « Si tout criminel a droit à un avocat commis d'office, pourquoi les familles américaines n'auraient-elles pas droit à un médecin commis d'office ? » Quelque temps plus tard, Carville et Belaga rejoignirent la campagne de Bill Clinton qui s'engagea à apporter une couverture médicale universelle.
3. Howard Fineman, « Living politics », *Newsweek*, 18 juin 2007, édition US, p. 36.
4. Jack Abramoff est un lobbyiste proche du parti républicain qui fut condamné en 2006 à six ans de prison, principalement pour des opérations de lobbying frauduleuses impliquant des tribus amérindiennes opérant dans des casinos et l'utilisation de ces fonds en pots-de-vin et autres « cadeaux » envers des hommes politiques.
5. Selon un rapport du *National Conference of State Legislature*, sur les six premiers mois de l'année 2007, les différents États ont introduit en tout plus de 1 400 projets de loi visant à endiguer l'immigration clandestine ou à renforcer les mesures de répression.
6. Le taux d'employés clandestins dans l'agriculture est estimé, en 2007, à plus de 70 %, soit une augmentation de 50 % depuis 1998.
7. Au milieu des années 1990 la sénatrice de Californie, Diane Feinstein, mit en place un programme ciblant les personnes sans emploi recevant des prestations sociales afin de tenter de les orienter vers des emplois de l'industrie agricole californienne.

10. Religion et politique

1. E.J. Dionne, « Obama's Eloquent Faith », *Washington Post*, 30 juin 2006, p. A27.
2. Garrett Graff, « Barack Obama », *Washingtonian*, novembre 2006, pp. 68-71, 122-124.
3. « Call to Renewal Keynote Address », National City Christian Church, Washington D.C., 28 juin 2006.

11. Au-delà du Noir et du Blanc ?

1. Arthur M. Schlesinger, *La Désunion de l'Amérique*, Liana Levi, Paris, 1993.
2. Gertrude Himmelfarb, *One Nation, Two Cultures: A Searching Examination of American Society in the Aftermath of Our Cultural Revolution*, Alfred A. Knopf, New York, 1999.
3. Discours de Barack Obama à la convention démocrate, 27 juillet 2004. Source : Barack Obama, *Dreams from my Father*, op. cit., 2004.
4. Déclaration du juge Leon M. Bazile de la Cour de circuit du comté de Caroline (Virginie) le 6 janvier 1959, citée par Earl Warren, président de la Cour suprême, dans son opinion majoritaire dans l'arrêt Loving vs. Virginia, 388 U.S. 1 (1967), p. 1013. En 1967, la Cour suprême des États-Unis invalide la condamnation et supprime les lois des États du Sud qui interdisaient les relations sexuelles entre Noirs et Blancs.
5. Cité par Rachel L. Swarns, « "African-American" Becomes A Term for Debate », *New York Times*, 29 août 2004.
6. Cité par Konaté Kangbaï, *La Place et l'utilisation de l'Afrique dans le processus identitaire des Noirs américains : discours interprétatif et négociation culturelle*, thèse de doctorat de l'École des hautes études en sciences sociales, Paris, 2002.
7. Barack Obama, *De la race en Amérique*, Grasset, Paris, 2008, p. 30
8. Linda Bosniak, « Citizenship Denationalized », *Indiana Journal of Global Legal Studies*, 7 (2), 2000, pp. 447-509.
9. Orlando Patterson, « Le nouveau nativisme noir », *Time Magazine*, 8 février 2007.
10. Beth Fouhy & Erin Texeira, « No Lock on Black Voters for Obama », *The Associated Press* pour *The New York Times*, 29 janvier 2007.
11. Le rapport « Barack Obama is the Superior Choice for African-American Voters » est disponible sur le site du *Journal of Blacks in Higher Education* dont Theodore Cross est le rédacteur en chef : www.jbhe.com/obama1.html (page consultée le 9 septembre 2007).

12. Le retour de l'identité

1. Amanda Paulson, «Resegregation of us Schools Deepening», The Christian Science Monitor, 25 janvier 2008.
2. Barack Obama, *De la race en Amérique*, op. cit., p. 31
3. Barack Obama, *The Audacity of Hope*, Crown Publishers, New York, 2006, p. 233.
4. Régine Montreuil, «Jeremiah Wright: un père spirituel désavoué», diasporasnoires. com, consulté le 15 avril 2008.
5. Manya A. Brachear, «Wright's sermons fueled by complex mix of culture and religion», *Chicago Tribune*, 28 mars 2008: http://www.chicagotribune.com/news/chi-wright-sermon_29mar29,0,238067.story.
6. Barack Obama, *De la race en Amérique*, op. cit., p. 37-38
7. Garry Wills, «Two Speeches on Race», *The New York Review of Books*, 1er mai 2008, pp. 4-8.
8. Barack Obama, De la race en Amérique, op. cit., p. 48.
9. Karen Grigsby Bates, «Is Michelle Obama a liability or an asset?», http://www.npr.org/templates/story/story.php? storyId = 87943583, consulté le 28 mars 2008.
10. Kim McLarin: «The Real Prize: Why Obama's wife makes me love him more» sur le site Root. com, consulté le 27 janvier 2008.
11. Lire à ce sujet Margaret L. Hunter, *Race, Gender, and the Politics of Skin Tone*, Routledge, New York, 2005; Kathy Russel, Midge Wilson, Ronald E. Hall, *The Color Complex: The Politics of Skin Color Among African Americans*, Anchor Books, New York, 2005.
12. David Greenberg, «Why Obamamania? Because He Runs as The Great White Hope», 13 janvier 2008; p. B04.

Conclusion

1. Daniel Nasaw, «US elections: International community rooting for Obama, survey says», *guardian.co.uk*, 12 juin 2008.

Table des matières

Introduction 9

1. Une jeunesse cosmopolite (1961-1981) 17
    Un héritage multiple 18
    Les paysages de son enfance : Djakarta... 21
    ... Honolulu 24
    Un adolescent noir torturé 27
    De Barry à Barack 30

2. Les premiers engagements (1981-1996) 35
    À Chicago : trouver sa voie 36
    Premier voyage au Kenya 40
    Un juriste engagé 43
    Le mariage parfait 47

3. L'apprentissage de la politique (1996-2004) 51
    Un début de carrière au sénat de l'Illinois 52
    Dix-sept minutes pour se faire un nom 54
    Du local au national 56
    Les leçons d'une victoire 59

4. Sénateur des États-Unis 61
    Les premières initiatives 62
    Les voyages officiels : à la recherche d'une stature internationale ... 64
    La star du Sénat 68
    Les premières critiques 70

5. Obama candidat 75
    La prise de décision 76
    Peser le pour et le contre 81
    2008 : une élection pas comme les autres 83

6. La course aux délégués 87
    L'argent : le nerf de la guerre 88
    Sur les terres d'Hillary 92
    Faire campagne sur Internet 96
    Un système électoral complexe 98
    L'importance du calendrier 102

7. Obama-Clinton : Au bout du suspens 105
    Les primaires de janvier 106
    5 février 2008 : le « Méga Mardi » 110

    Onze victoires d'affilée 111
    Une course qui se prolonge 112
    Comment a-t-il fait ? 114

8. De l'investiture à la présidence 119
    Le choix du colistier 120
    Le système des grands électeurs 123
    La carte électorale en 2008 126
    Obama contre Obama 128

9. Le duel Obama-McCain 133
    Un choc de personnalités 134
    L'économie, priorité des Américains 135
    Budget fédéral et fiscalité 137
    Emploi et pouvoir d'achat 140
    La guerre en Irak et la politique étrangère 143
    L'assurance-maladie 150
    La question des lobbies 156
    La politique environnementale 158
    L'immigration clandestine 161
    La Cour suprême, enjeu majeur de l'élection 164

10. Religion et politique 167
    L'importance de la foi 168
    Le sida et le retour de l'ordre moral 169
    Réconcilier la gauche avec la religion 171
    Le parcours spirituel d'Obama 172
    Réduire le fossé entre l'Amérique religieuse et l'Amérique laïque ... 174

11. Au-delà du Noir et du Blanc ? 179
    Un candidat métis 181
    Africain et américain 182
    Un citoyen « transnational » 185
    Trop noir et trop blanc ? 186
    Affirmative action ou programmes sociaux :
    quelle politique pour les minorités ? 191

12. Le retour de l'identité 195
    La polémique des sermons 196
    Le discours de Philadelphie 199
    Une First Lady noire ? 200
    Obama effect vs. Bradley effect 202

Conclusion : Un enjeu mondial 207

Déjà parus aux éditions DEMOPOLIS

Arnove, Anthony
Irak : Retrait Immédiat

Bourdieu, Pierre
Boltanski, Luc
La Production de l'idéologie dominante

Clover, Charles
Surpêche : L'Océan en voie d'épuisement

Denord François,
Néo-libéralisme version française : histoire d'une idéologie politique

Durpaire, François
Richomme, Olivier
L'Amérique de Barack Obama

Ébodé, Eugène
Tout sur mon maire

Fitoussi, Muriel - Khaldi, Eddy
Main basse sur l'École publique

Goldberg, Jeffrey
*Prisonniers en Terre promise
Un Juif et un Palestinien au camp de Ketziot*

Hroub, Khaled
Le Hamas

Kalfon, Pierre
Chroniques chiliennes

Kamata, Satoshi
Toyota : L'Usine du désespoir

Lippmann, Walter
Le Public fantôme
Présenté par Bruno Latour

Mamdani, Mahmoud
La CIA et la fabrique du terrorisme islamique

Nasr, Vali
Le Renouveau Chiite

Prochasson, Christophe
L'Empire des émotions : les historiens dans la mêlée

Shah, Sonia
Cobayes humains : le grand secret des essais pharmaceutiques

Uchitelle, Louis
Le Salarié jetable : enquête sur les licenciements aux États-Unis

Wallerstein, Immanuel
L'Universalisme européen : de la colonisation au droit d'ingérence

Walt, Stephen
Pourquoi le monde n'aime plus les États-Unis

Whitaker, Brian
Parias, Gays et Lesbiennes dans le monde Arabe

Winder, Simon
James Bond : L'homme qui sauva l'Angleterre

Achevé d'imprimer en France en août 2008
dans les ateliers de Normandie Roto Impression s.a.s., à Lonrai (Orne).
N° d'impression : 082694
Dépôt légal : août 2008